乡村振兴典型案例

全国乡村治理典型案例

（五）

农业农村部农村社会事业促进司　编

中国农业出版社

北　京

目录

第一部分

加强农村基层党组织建设，健全治理机制

民事直说 "1234" 工作法

> **编者按：** 陇南市深入学习贯彻习近平总书记关于乡村治理的重要论述，探索形成了民事直说 "1234" 工作法，畅通了上情下达、下情上达双向通道，形成了群众说事、民主议事、阳光办事闭环机制，说事议事规则清晰，方法程序操作性强，干部群众共同参与，在践行全过程人民民主、加强基层组织建设、宣传党的方针政策、畅通社情民意、化解矛盾纠纷、倡树文明新风、密切干群关系等方面发挥了重要作用，为全面推进乡村振兴建议奠定了坚实基础。

陇南市地处甘、陕、川结合部，辖1个区、8个县，199个乡镇（街道），3 287个行政村（社区），总面积2.78万平方千米，常住人口238.9万人，境内生态良好、资源富集，群众居住分散，乡村治理任务重、难度大。近年来，陇南市坚持党建引领基层治理，全面推行民事直说 "1234" 工作法，组建一个机构、运用两种方式、瞄准三类问题、采取四种办法，完善形成了 "向谁说" "怎么说" "说什么" "怎么办" 的制度举措，打造开放式、多维度、零距离的服务群众新平台，让政策宣传更暖心、民情表达更直接、矛盾化解更及时、移风易俗更有效、干群关系更密切、基层组织更有力。

一、组建一个机构，明确 "向谁说"

坚持党建引领，充分发挥基层党组织的领导作用，有效聚合各方面力量。在陇南市3 160个行政村、127个社区成立由村（社区）"两委" 班子成员、妇联团委负责人、驻村帮扶工作队队员、党员代表、人大代表、政协委员和有威望的能人等组成的民事直说委员会，制定说事议事办事规则，定期或不定期地面对面听取群众意见，有事大家"说"、民事一起"议"、定事马上"办"、办事全程"督"、好坏大家"评"，推动民情直通、民意直达、民事直办，集中民智、汇聚民力、温暖民心，有效提升了基层党组织的组织力、凝聚力、号召力。

陇南市两当县杨店镇灵官殿村召开民事直说说事会

二、运用两种方式，明确"怎么说"

坚持守正创新，改进群众工作方法，灵活运用线上、线下两种方式，宣传党的政策，收集群众意见。通过主题党日活动、村民会议等方式，每月定期集中听取群众意见；依托村级党群服务中心设立"群众说事室"，落实村干部值班、网格员入户访视等制度，常态化听取群众意见。针对大量青壮年

宣传推广民事直说"1234"工作法，引导群众扫码进行网上说事

外出务工、"群众不在村里在群里"的实际，组建"民事直说"微信群，开通"民事直说"微信小程序，让群众能够随时随地网上说、群里说、"码"上说，切实走好网上群众路线。民事直说既全面畅通了群众诉求表达渠道，也在说事议事过程有效宣传了党的路线方针政策和国家法律法规，让政策宣传更接地气、更有温度、更易被接受，实现了上情下达和下情上达的有机贯通。

三、瞄准三类问题，明确"说什么"

坚持问题导向，重点聚焦乡村建设、产业发展、公共服务、人居环境等群众关心的"村里事"，积极开展"众人的事众人说"活动，让群众自己说事、议事、主事，既集中民智完善了发展思路，也有效保障了群众的知情权、参与权、表达权、监督权，充分调动了群众支持重大项目建设和参与乡村振兴的积极性，有效推动了宜居宜业和美乡村建设；重点聚焦房屋、土地、借贷等容易引发矛盾纠纷的"邻里事"，积极开展矛盾纠纷排查调处化解活动，让邻里之间说开矛盾、说清纠纷、说出心结，有效化解了一批邻里之间的陈年积怨，防止了矛盾升级，有效维护了乡村稳定安宁；重点聚焦婚恋彩礼、感情纠葛、婆媳关系等看似琐碎但不容小觑的"家里事"，建立乡村干部入户访视制度，让群众打开"话匣子"、说出"心里话"、道出"难心事"，及时掌握群众思想动态，有效疏导负面情绪，及早化解家庭纠纷，防止家庭矛盾升级甚至演化为极端事件。2022年，陇南市化解各类矛盾纠纷8 500多件，信访总量、网上投诉、重复信访同比分别减少18.02%、20.79%、18.06%；纪检监察机关信访举报量和检举控告量同比分别减少20.9%、30.8%；刑事案件、治安案件、命案同比分别减少23.2%、19.7%、47.8%。2023年1—9月，全市化解矛盾纠纷9 952件，防范预警处置个人极端事件46起，信访总量、重复信访同比分别减少22.3%、41.1%，刑事案件同比减少18.7%，因矛盾纠纷进入诉讼的案件也大幅减少。

陇南市成县店村镇张寨村召开民事直说说事议事会

四、采取四种办法，明确"怎么办"

在民事直说点开展政策宣讲活动

坚持为民宗旨，把"说"作为手段，把"办"作为关键，对群众所说事项现场直办、干部领办、村镇联办、跟踪督办，并按照轻重缓急、难易程度，对群众所说事项实行"红、黄、蓝"分级分类管理。对小事情、微矛盾、小纠纷等简单诉求，由民事直说委员会成员现场调解、现场直办；对情况复杂、现场难以解决的疑难问题，由民事直说委员会根据实际情况确定干部领办；对涉及面广、办理难度大的事项，由乡（镇）党委、政府会同综治中心、派出所、司法所等综合研判、村镇联办。村级办理不了的事情，上报县直有关职能部门办理。同时建立民事直说台账，由县乡纪律检查委员会及村务监督委员会对办理情况进行跟踪督办，倒逼党员干部由坐等上门向主动问需转变、由被群众找向主动找群众转变、由回避问题向直面矛盾转变、由被动接待上访向主动向下接访转变，有效提升了党员干部的群众工作能力，形成了干部为群众谋事、群众跟干部干事的生动局面。

自2022年7月全面推行民事直说"1234"工作法以来，陇南市通过各种说事平台累计收集群众意见建议11.54万余条，办理事项11.02万余件，事项办结率95.49%，群众的获得感、幸福感、安全感明显提升，民事直说"1234"工作法的全面推行为建设社会主义现代化幸福美好的新陇南创造了良好环境、奠定了坚实基础。

6

江苏省苏州市吴江区

"四个融入"为现代江村"夯基垒台"

编者按：吴江区大力实施"融入式党建"创新工程，将党建工作融入基层发展，激活"末梢"活力；融入民生服务，加强治理为民；融入区域网格，提升共建共享水平；融入广大群众，发挥党员先锋模范作用。"融入式党建"为乡村治理打造了强劲的"红色引擎"，将党建引领贯穿乡村治理全过程、全领域，构建了乡村治理现代化发展新格局。

吴江区是江苏省的"南大门"，总面积1 176平方千米，全域纳入长三角生态绿色一体化发展示范区，辖7个镇、4个街道，共有210个行政村和9个涉农社区，常住人口156.7万人，是享誉全国的"鱼米之乡""丝绸之府"。近年来，吴江区紧扣"一体化"和"高质量"两个关键词，大力实施"融入式党建"创新工程，为乡村治理打造了强劲的"红色引擎"，有力有效赋能乡村全面振兴。

一、党建融入发展，让"最大政绩"与"第一要务"交相辉映

吴江区将党建融入基层社会，以党建"最大政绩"引领保障发展"第一要务"，夯实基层治理根基，集聚乡村振兴力量。

"四议两公开"机制让决策更透明。率先探索推进村级重大事项"四议两公开"决策机制，通过"一套流程""两张清单""三方监督"工作方法，推进村级重大事项决策标准化建设，制定10类村级重大事项清单和28项村务重点监督事项清单，实现吴江区村级纪委书记（纪检委员）、村务监督委

员会、党员议事会全覆盖，以三位一体议事监督体系切实提升决策成效，让村民看得明白、干部做得清白。

村干部全链条管理让运行更高效。 出台村干部职业化管理体系建设"1＋N"系列文件，构建"选、育、管、用、激"全链条管理体系。"选"是指坚持把政治标准放首位，注重选拔为民服务实绩突出的人。"育"是指开展"江村·强基"村干部培养工程，确保每名村干部每年培训不少于一次。"管"是指全方位推进综合考核体系建设，亮明"计分牌""导向标"。"用"是指2019年以来先后分3批累计选聘29名村党组织书记进编，拓宽优秀村党组织书记的上升通道。"激"是指建立专职干部薪酬待遇"五级晋升"体系，激发他们干事创业的内生动力。

优质资源要素下乡让发展更广阔。 成立"美美江村"乡村振兴党建联盟，推动资源要素向基层下移，深化实施"领导挂帅、部门挂钩、企村结对、能人助村、责任落实"的"五个一"村级结对共建行动，累计选派465名优秀干部驻村帮扶，投入帮扶资金上亿元。深入开展"万企兴万村"行动，68个村（社区）与489家民营企业、20家商会结对，实施帮扶项目16个，帮扶金额为9 000多万元。

党员干部定期下沉党建小院收集村情民意

二、党建融入民生，让"美好向往"与"奋斗目标"同频共振

吴江区将党建融入基础民生建设，真正把人民群众对美好生活的向往转化为党员干部的奋斗目标。

打造善治乡村标杆示范。健全党领导农村工作的组织体系、制度体系和工作机制，以"江村"乡村振兴品牌为引领，创新片区化推进乡村振兴，将苏州市"两湖两线"跨域示范区与吴江区"魅力大运河""美丽湖泊群"组团建设系统衔接，逐步形成以环元荡、环澄湖、环长漾片区为重点的发展格局，累计建成省级特色田园乡村15个。

打响乡风文明德育品牌。探索创立"德行吴江""道德银行""荣誉积分"等乡土文明品牌，形成区、镇、村三级群众性精神文明建设阵地体系。常态化举办美丽庭院、文明家庭（文明户）创建活动，深入开展移风易俗，着力培育文明乡风、良好家风、淳朴民风。

打通服务群众"最后一公里"。以便民利民为导向，推动各类政务服务事项逐步进入区、镇、村三级服务大厅，"一窗受理、全科服务"模式实现全覆盖。加大区、镇、村三级体系标准化、异地通办标准化和"一件事"套餐服务标准化建设，老百姓办事实现了105个事项不出村，992个事项可即办即结。

三、党建融入区域，让"红色网络"与"绿色水乡"血脉相连

吴江区推行区域党建，通过条块融合的工作体系、资源共享的生态系统、区域联动的协作机制，努力把党的政治优势、组织优势转化为治理优势、服务优势。

推动区域党建统筹联合。按照区域统筹理念，围绕地域分布、产业发展和服务功能优化党组织设置，探索形成村企统筹、村居统筹等多种区域党组织设置模式。针对新型农村社区建立"村转社区党委—动迁村党支部—楼宇党小组—党员中心户"四级党建网络，逐步开展党组织、居委会、业主委

员会、物业管理公司"四位一体"建设，凝聚治理合力，提升服务实效。

实施网格覆盖综合管理。创新"一个网格长牵头抓总、五类网格员下沉融入、一个督导员监督指导"的"1＋5＋1"网格综合治理2.0模式，加快推进基层党建网、民生服务网、社会治理网"三网融合"，统筹实施治违、治污、治隐患等专项行动，使党组织有效嵌入各类基层网格，实现各方力量协同联动，党建引领一贯到底。

举办首期长三角村书记讲坛

引导跨区域基层组织共建。在青吴嘉（上海市青浦区、江苏省苏州市吴江区、浙江省嘉兴市嘉善县）三地交界处建立"吴根越角"党建生态圈，打造基层组织共建、服务群众共抓、乡风文明共培、社会治理协同共融、资源信息共享、古镇资源共通的六大模块，推进"美美与共"村干部长江三角洲区域挂职轮训计划，举办长江三角洲村书记讲坛，促进生态圈内各级党组织同频共振、互动共赢。

四、党建融入群众，让"参天巨木"与"广袤大地"共生共荣

吴江区的党员们走进群众，带领广大群众共建共治共享，把提升群众的

参与感、获得感、幸福感作为党建引领乡村治理的出发点和落脚点。

推动党员干部下沉一线。加快推进高质量党建引领基层治理现代化"根系工程",推广"党建小院""事解江村"党建服务点等新载体,以"民情日记工作法"推动6 780余名党员干部骨干下沉一线,主动靠前,倾听民声。

开展精品主题实践活动。全力开展"净美江村"大整治行动,建立1名副科级以上干部+1名中层干部+若干名区、镇两级干部的"1+1+N"挂钩联系制度,覆盖2 120个自然村,由村党组织书记发挥先锋模范作用,切实担起村庄"人居环境负责人"责任,2 415名村干部落实分片包干责任制,已发动各级干部、志愿者、群众参与村庄清洁行动超75万人次。

环长漾片区的美丽风光

强化重点实事工程建设。在江苏省范围内率先出台基层基本公共服务功能配置标准,以党建为引领,用好"书记项目"工作法,先后实施"1058工程""555计划""长三角一体化发展重大项目",持续加大农村基础设施投入,农村水、电、气、路、通信实现全面通达,行政村双车道四级公路、镇村公交、区域供水、光纤到户、垃圾分类、文化综合服务中心覆盖率均达100%。

江西省赣州市寻乌县

"联村共治、法润乡风"走出乡村治理"寻乌经验"

编者按：寻乌县位于江西省东南部，居赣、闽、粤3个省份的交界处，辖15个乡（镇），总人口33万人。近年来，寻乌县坚持推广新时代"枫桥经验"，运用法治思维和法治方式，按照与民共建、与村联治、与法同行的思路，着力打造"党建引领、依靠群众、源头解纷、优质服务"长效机制，形成了"联村共治、法润乡风"的"寻乌经验"，矛盾化解"能进祠堂不上公堂、能在村组不到县乡"，构建了矛盾纠纷化解乡村治理新模式，营造了和谐稳定的农村社会环境。

寻乌县紧紧围绕推进乡村治理体系和治理能力现代化的总目标，按照与民共建、与村联治、与法同行的思路，全面推行"单位联村、干部联户"平安建设帮扶联系机制，在乡村治理中发挥全县495个基层党组织的战斗堡垒作用和1.15万名党员的先锋模范作用，提升共治水平，培育法治乡风，构筑共建共治共享乡村治理格局。在党的十八大、十九大及二十大精神的指引下，寻乌县不断探索创新基层治理机制模式，形成了"联村共治、法润乡风"的"寻乌经验"。

一、坚持以党建引领为核心

基层党组织是乡村治理的"领头雁""主心骨"，党建引领是"寻乌经验"的政治灵魂，只有始终发挥党建引领的最大政治优势，积极参与乡村治理等各项工作才能行得远、走得稳。中共寻乌县委高度重视乡村治理工作，把矛盾纠纷多元化解工作作为深化平安创建的基础项目，纳入年终各乡（镇）综治考核内容。通过组建"三治"工作交流微信群，开展线上法律知识讲解、调处技巧传授和法律疑难解答。寻乌县全面推进与挂点联系村基层党组织的结对共建工作，开展"联合培养农村干部、联合培训农村党员、联合化解矛盾纠纷"系列活动，帮助村干部提高管理乡村事务、处理矛盾纠纷的能力。

二、坚持依靠群众为基

乡村治理必须坚持紧密依靠群众，始终践行为人民服务。为加强基层群众情感联结，寻乌县在全县60个较大的村庄设立农村"五老"人员联系站，邀请"五老"人员调解矛盾纠纷，在各村组建村民理事会、红白理事会、禁毒禁赌会等组织，发动群众自治。考虑到柑橘是寻乌县支柱产业，寻乌县组织司法系统工作人员主动编写果品销售样式合同，常年开展"法治宣传进果

长宁镇三二五村"议事团"成员在"红色议事厅"内议事

园、纠纷调处进果园、法官服务进果园"的"三进"活动，司法服务养成"请吃茶""讲土话"的工作习惯，法治工作温暖群众。寻乌县大力弘扬吃苦耐劳、艰苦奋斗、努力拼搏的"客家精神"，重拳整治不孝敬老人、不赡养老人等现象，提倡婚事新办，并制定婚约彩礼协议样本，以德治培育乡村文明。

三、坚持法治力量下沉

寻乌县整合全县法治力量，按照"一村一队"的要求，组建"123"法律服务团队（1名法律顾问、2名政法干警、3名巡回审判联系人员），采用"定期＋预约"的方式，通过大规模的走访调查，掌握社情民意，开展法治宣传，提供法律服务，协助化解矛盾，实现民情在调查中掌握、风险在调查中防范、矛盾在调查中化解。2021年以来，寻乌县法律服务团队走访特殊重点人员 11 212 人（次），上报民生民安类事件14.5万条（次），开展巡回审判208场（次），协助化解矛盾5 000多件，其中重大矛盾纠纷33件。

澄江镇谢屋村法治小院开展普法宣传

四、坚持客家矛盾客家调

寻乌县盘活客家祠堂等闲置资源，将客家祠堂打造为集法治宣传教育、矛盾纠纷化解、村民说事议事、道德讲堂等功能为一体的基层善治阵地，让"小阵地"发挥"大作用"。结合客家风俗，推行客家矛盾"讲法调""祠堂调""长者调""家训调""食茶调"，积极引导群众"能进祠堂不上公堂、能在村组不到县乡"，把矛盾化解在村组。寻乌县已建立调解队伍208支，共有调解员1 016名，其中社会团体和其他调解组织29个，专职调解员15名，覆盖了城乡各个角落。

五、坚持多元化解促和谐

寻乌县设立"访、调、诉"一站式服务中心，采取"重点部门常驻、一般部门轮驻、涉事部门随驻"的方式，整合37个部门的资源力量进驻服务中心，安排80名法律和调解专家"坐阵"参与信访矛盾纠纷化解，实现矛盾纠纷化解"只进一扇门、最多跑一地"，打造县内矛盾纠纷的"终结地"。2021年以来，服务中心共化解矛盾纠纷864起，接待来访群众927批共1 574人次，信访总量逐年减少，有效破除了多头访、重复访等问题。

六、坚持红色治理聚合力

寻乌县汲取红色智慧，大力弘扬寻乌调查的唯实求真精神，用好调查研究这个"传家宝"，在加强和创新乡村治理过程中大兴调查研究之风，着力破解问题短板。打造红色名村，依托寻乌调查、圳下战斗、罗福嶂会议等革命旧址，打造全国红色名村2个、省级红色名村2个、市级红色名村3个，在讲好红色故事、加强乡村治理中树立标杆。凝聚红色力量，全县422个网格均建立了党支部或党小组，建成率达100%，推动全县3 163名机关在职党员到网格报到，广泛开展文明实践活动。全县共组建志愿服务队伍1 125支，创设志愿服务项目3 685个，累计开展志愿服务活动10.36万场

南桥镇举办"法律明白人"培训会

（次），总服务时长达283万小时。

七、助力乡村治理见成效

寻乌县通过"联村共治、法润乡风"，推动全县上下形成崇法、明理、唯实、守正、平和的法治风尚，为全县经济社会发展营造了安全稳定的环境，促进了全县经济社会高质量发展。**一是社会大局持续稳定。**信访矛盾明显减少，寻乌县2022年信访总量比2017年减少43%；大量矛盾纠纷被化解在诉前，2022年因矛盾纠纷引发的诉讼案件比2017年减少16%。寻乌县2016—2019年连续4年被评为全国信访"三无"县，2019—2021年连续3年获评赣州市平安建设先进县。**二是治安环境持续向好。**寻乌县违法犯罪率持续走低，8类主要刑事案件以及"两抢"、网络电信诈骗等侵财类案件的发案率均实现大幅度下降，破案率提升。寻乌县最长保持3年无刑事命案发生，治安警情方面则表现为2022年比2017年下降9.6%。**三是村风民风持续向善。**群众法治意识不断提升，讲法守法新风尚在乡村蔚然成风，好人好事不断涌现。2021年，寻乌县有16个村成为"无讼村"，年诉讼案件3件以下的"少讼村"有73个。2017年以来，寻乌县有7人荣登"中国好人榜"，14人入选"江西好人"，37人入选"赣州好人"，4人被评为赣州市道德模范。**四是群众满意度持续提升。**群众获得感、幸福感、安全感大幅提升，公众安全感指数从2017年的96.24%提升至2022年的99.16%。

湖北省恩施土家族苗族自治州咸丰县

党建引领"六联"并进
打造乡村治理山区样板

> **编者按：**咸丰县坚持党建引领，建实县、乡、村三级指挥体系，着力打通乡村治理"最后一米"，抓实党建引领院落治理，推行发展联手、困难联帮、服务联心、环境联治、文明联建、平安联创的"六联"服务举措，有效解决以行政村、村民小组管理为主时存在的党组织作用发挥不够、乡村治理单元过大、群众参与度不高、服务群众不精准等问题，稳步提升乡村治理精细化水平，为促进乡村振兴打下坚实基础。

咸丰县位于鄂、渝、湘、黔4个省份的交界处，属于民族地区、革命老区，面积2 550平方千米，辖11个乡（镇），有192个行政村，总人口39万人，有湖北省"西大门"之称。咸丰县行政村面积普遍较大，农户居住分散，村"两委"干部服务半径大，传统的治理模式难以适应日益复杂的治理形势。近年来，咸丰县在乡村治理实践中，按照"健全党组织领导的自治、法治、德治相结合的乡村治理体系，推行网格化管理、数字化赋能、精细化服务"的要求，在县域以院落为治理单元，精细"六联"群众服务举措，推动治理重心下移、力量下沉、服务下潜、资源下放，把治理力量有效覆盖到院落、延伸到农户房前屋后，用党建引领院落治理"金钥匙"打开乡村振兴"幸福门"。

一、坚持党建引领，构建"上下一体"治理格局

强化组织领导体系，力量下沉到乡村。咸丰县委成立以党委书记为组长的深化党建引领加强乡村治理工作领导小组，组建专班实体化运行，出台制度性文件21个，37名县级领导干部联乡联村，159名乡（镇）党委班子成员及县直部门主要负责人包村全覆盖，一线指导乡村治理工作。建立县直部门包村工作机制，全覆盖选派第一书记、驻村工作队员共475人，组建由乡（镇）包村干部、村"两委"干部、驻村干部组成的乡村振兴"尖刀班"192个，全面增强乡村治理工作力量。

理顺村级组织架构，支部引领见实效。推进村党组织标准化、规范化建设，加强村级组织配套建设和对各类社会组织的管理，让村党组织书记、党员担任村级合作组织、集体经济组织、自治组织负责人。咸丰县192个行政村均有由"两委"成员担任各自村妇联组织、红白理事会、村民议事会、道德评议会等协商机制和群团组织负责人的情况，广泛开展议事协商活动，完善组织章程和协商制度，把党组织领导贯穿乡村治理全过程、各方面。

咸丰县朝阳寺镇鸡鸣坝村组织村民开展主题文艺活动

创新队伍培育机制，"群雁" 齐飞强堡垒。创新 "定向招考录用、分类教育培训、统筹落实待遇、全域动态使用" 的村级后备干部竞争性选拔培育使用机制，咸丰县累计招录村级后备干部189名，他们通过换届全部进入村 "两委" 工作。推行新任村党组织书记由乡（镇）党委班子成员及离任、现任优秀村党组织书记 "导师帮带" 机制，常态化开展 "书记论坛"，村党组织书记治理能力全面提升。咸丰县村党组织书记平均年龄43岁，八成以上具备高中及以上学历，致富带头人具备高中及以上学历的占比达40%。

咸丰县黄金洞乡金洞司村村民代表共同协商村级发展

二、聚焦院落治理，打通 "最后一米" 治理体系

优化治理单元，治理聚焦更加精细。咸丰县全境以喀斯特地貌为主，境内苍山如海、百溪争流，村民邻水而住、傍山而居，形成居住相对集中的自然院落。咸丰县在治理工作中结合实际，统筹考虑历史沿革、服务半径和群众意愿，从大处着眼、小处着手，以农村自然院落确定网格治理单元3 238个，每个院落30～50户，推动网格设置精细优化，着力把院落打造成文明和谐、互帮互助、安定有序的邻里生活共同体。

建强组织体系，服务力量更加充实。充分发挥党员在院落治理中的作用，健全"村党组织—院落党小组—党员中心户"横向到边、纵向到底的组织体系，设置院落党小组704个，确定党员中心户1 989户，推行无职党员设职定岗定责，建立党员联系群众机制，8 921名农村党员普遍联系农户，推动党的组织和工作延伸到户、到人。

搭建治理平台，议事机制更加完善。 在村党组织领导下，整合群团组织、农村经济组织、社会组织等资源，推选党员、能人、村民代表担任理事会成员，搭建起院落"党小组＋理事会"工作平台，全县192个村党组织共成立院落理事会458个。坚持决策共谋、发展共建、建设共管、效果共评、成果共享，对涉及院落的重要事务，院落党小组指导院落理事会定期组织召开群众会，广泛征求群众意见建议并带领群众实施，持续激发群众参与院落治理的积极性，变"要我办"为"我要办"。

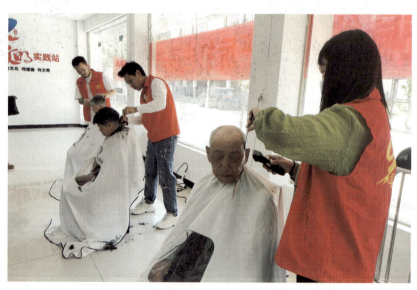

咸丰县坪坝营镇杨洞社区开展邻里互助义剪活动

三、聚焦"六联"并进，提升"振兴一线"服务质效

"发展联手"惠民生。 通过村党组织牵头、能人参与、电商搭台、"两新"组织合作，推行盘活"三资"、产业带动、投资合作、自主经营、电商

服务等主要模式，建立完善利益链接机制，咸丰县192个行政村中，集体经济年经营性收入10万～50万元的有133个，50万元以上的有15个。因地制宜谋划，发展特色产业110万亩、专业合作社500余家、农家乐320余家，有效带动群众增收致富。

"困难联帮"解民忧。组织党员中心户带头联系困难群众，及时掌握困难群众情况并将情况上报村党组织，开展困难帮扶。近年来共关爱帮扶困难群众、"三留守"家庭10万余人次，推动救助工作常态化，累计筹集资金3 500万元，共帮助困难学生、困难群众6 000余人次。

"服务联心"应民需。搭建村级电商、"农民办事不出村"等服务平台，推行"一站式服务"，实现林木采伐证、养老政策咨询、高龄津贴申领等20项事项村级代办，包组干部为居住偏远的村民代理代办、代收代付、代购代销。近5年来共有为民代办事务20余万件、代购代销物资上亿元，通过优质服务实现了干群心连心。

"环境联治"顺民意。学习运用浙江"千万工程"经验，以人居环境整

咸丰县清坪镇龙潭司村大坪寨院

治为突破口，通过院落"外在美"激发群众"内在美"，既建设了绿色生态家园，又取得了综合治理的效益。推行"点子群众出、方案集体定、材料就地取、用工本地找"的模式，聚焦改善群众身边、房前屋后人居环境的实事小事，创新建设"六小园"（小菜园、小禽园、小果园、小庭园、小花园、小游园），建成示范院落106个。

"文明联建"塑民风。加强思想道德建设，常态化开展农村实用技术培训、公益电影放映、乡村运动会等活动，不断丰富群众精神文化生活，推动移风易俗，树立文明新风尚。以院落为基础，推选"十星级文明户""最美个人""最美家庭"等1 300余个，涌现出"中国好人"4名、"荆楚楷模"8名、"恩施楷模"22名。

"平安联创"稳民心。村党组织不定期组织各院落开展矛盾纠纷和安全隐患大排查，院落党小组、理事会成员主动向村党组织报告并配合处置各类矛盾纠纷、安全隐患和突发事件。充分发挥"一村一警一法律顾问"作用，深入院落开展法治教育、反诈宣讲等活动1 000余场，受众累计80余万人次，群众法治意识不断提升。

广东省茂名市信宜市
“小法庭”融入“大治理”

编者按：法治是乡村治理的前提和保障，法盛助乡兴。信宜市人民法院镇隆人民法庭切实发挥“小法庭”前沿阵地作用，聚焦民意、民生、民需三大板块，找准服务基层社会治理、乡村振兴和人民群众高品质生活需求的切入点，以高质量能动司法推动基层“大治理”，走出具有本土特色的乡村善治之路，有效保障乡村社会的长治久安。

信宜市人民法院镇隆人民法庭管辖面积为200多平方千米，辖区内有44个行政村。近年来，随着社会的进一步发展，各类社会矛盾错综复杂，村民利益诉求不断增加，社会治理压力激增。镇隆人民法庭贯彻落实中央全面依法治国委员会印发的《关于加强法治乡村建设的意见》的精神，发挥面向基层一线的优势，聚焦民意、民生、民需三大板块打造能动司法新模式，形成了“小法庭”推动“大治理”的乡村治理经验。2022年，“镇隆人民法庭经验”入选最高人民法院“打造枫桥式人民法庭 服务全面推进乡村振兴”典型案例，并被人民网评为“2022乡村振兴创新案例”。

一、以民意为导，强化党建引领，回应乡村治理新期盼

（一）“小走访”促“大调研”，乡村诉源治理顾大局

镇隆人民法庭深入践行中央大兴调查研究之风的要求，推行面对面、点对点的“小走访”调研，由党支部书记（法庭庭长）带队深入当地群众、企业开展走访座谈，通过实地调研了解真需求、发现真问题，推动政策真落

实、问题真解决。镇隆人民法庭确定每周一、周五为"诉源治理工作日"，由党支部书记带队进村开展走访调研、普法送法等活动。定期向当地党委、政府汇报诉源治理工作情况，列席当地党委、政府会议并积极建言献策，以调研为切入点服务党委、政府中心工作。

结合主题党日活动到企业园区开展普法活动

（二）"小阵地"变"大讲堂"，乡村诉源治理有依托

镇隆人民法庭组建由党支部书记统筹协调、资深党员干警冲锋在前、青年党员及入党积极分子学习提升的法治教育宣传团，以法庭为固定阵地、各中小学校园为流动阵地开展"法庭开放日""送法进校园"等活动。通过重点讲解未成年人权益保护相关法律规范的"微课堂"，融入实地参观、互动交流、模拟法庭等"沉浸式"环节，提升青少年主动防范侵害意识和自我保护能力。镇隆人民法庭已成为驻地窦州古城内一道亮丽风景线和鲜活的现场普法阵地。

在"法庭开放日"开展青少年法治教育活动

（三）"小岗位"助"办大事"，乡村诉源治理出实招

镇隆人民法庭积极将党建工作与司法服务有机融合，打造党员服务示范岗，充分发挥法庭党支部战斗堡垒作用和党员先锋模范作用。**一是**在法庭一楼诉讼服务窗口设置党员服务示范岗值班点，实行党员轮岗制，有效落实来访接待、案件查询、材料收转、法律咨询等方面的工作职责。**二是**将党员服务示范岗"带到"田间地头、企业园区、村（居）委会，由"站岗"党员为当地群众现场答疑解惑、为镇村企业普及合法经营规范、为干部提供法治培训。**三是**建立"为民办实事"工作清单，围绕镇隆镇建设"特色农业小镇""旅游经济强镇"目标定位，通过法庭与镇村党建共建制度促进基层治理工作落地落实。

二、以民生为本，深化网格联动，激发定分止争新活力

（一）划分三大管理区块，"网格式"下沉治理资源

一是分区分类登记案件数据。以交通主干道为线将所辖范围划分为三大

管理区块，将每个区块按照村（社区）行政界线划为44个单元网格。由法庭员额法官（法庭庭长）统一指导、分配任务，3名法官助理下沉管理区块负责联系对接，制定网格化管理一览表并"挂图上墙"，将案件及纠纷类型分类登记，为妥善审理婚姻家庭、民间借贷、道路交通事故纠纷等本地多发纠纷提供支持。**二是按数按需防范矛盾风险。** 加强对重点群体、重点领域的关注，主动排查风险，妥善化解外省上门女婿离婚等纠纷，防止矛盾激化；审慎处理当地涉民宿、游客接待中心等对象的工程质量纠纷、劳资纠纷，为乡村旅游产业发展保驾护航。对司法过程中纠纷前端存在的普遍性、趋势性、潜在性风险及人民群众反映强烈的问题，及时组织排查分析与评估，必要时向当地党委政府反映情况、发出预警、提供建议。

（二）创设"3＋N"工作方法，"联动式"合力化解纠纷

一是创建网格化管理团队。 全面推行"3＋N"管理模式，以法庭员额法官、法官助理和村居网格员为"3"位固定成员，争取地方党委、政府和社会各界支持，灵活吸纳镇综治办、司法所、人大代表、政协委员、特邀调解员等人民调解"N"力量，创建基层解纷工作"一张网"治理格局。2022年以来，镇隆人民法庭统筹推进当地矛盾纠纷就地化解，诉前成功调解各类纠纷70余起。**二是搭建常态化联动平台。** 定期与网格内其他成员单位召开联席会议通报情况，搭建网格合力平台。组建网格联动微信群，对网格内的风险隐患、矛盾纠纷、村民诉求等实行"一格受理、全网联动"。针对辖区内道路交通事故纠纷多发这一现象，镇隆人民法庭会同交警部门、司法所组建交通事故联合化解微信群，成立专门工作小组，对已经发生的、有成讼风险的道路交通事故纠纷进行预警处理，探索此类纠纷的诉前联调、诉前鉴定工作模式，推动纠纷源头高效化解。2022年以来，镇隆人民法庭共召开联席会议6次，收集并联合各村（社区）网格员化解各类矛盾纠纷30余起，消除风险隐患100余项，2023年1—5月收到的道路交通事故纠纷一审案件数量同比下降77.27%。

镇隆人民法庭法官在百年榕树下巡回审理赡养纠纷

三、以民需为主，优化司法惠民，纠纷前端化解见成效

（一）打通平台，融汇调解力量

镇隆人民法庭在辖区镇隆镇、水口镇主导建成2个司法惠民服务中心，试点建成1个村级司法惠民服务站，组织20余名镇（街道）村干部、老党员、网格员等担任联调员，并聘请10余名法官、检察官、人大代表、政协委员等担任法律服务专家库成员，促进矛盾纠纷"小事不出村、大事不出镇、矛盾不上交"。自成立以来，司法惠民服务中心以其熟悉社情民意、贴近基层一线的独特优势，协助基层开展风险隐患信息收集和矛盾纠纷排查等150余次，分析研判、防范化解群体性涉稳隐患10余批（次）。同时，以司法惠民服务中心为枢纽，全面整合镇（街道）综治中心、妇联、人社、派出所、司法所等部门调解力量，与"一村（社区）一法律顾问""一村（社区）一警一巡防队"、人大代表诉调对接工作室等社会治理平台互联互通，发挥联动调、带动调、同步调的合力效应，累计化解各类诉前纠纷800余件，解决争议标的500余万元。

（二）数字赋能，融入信息支撑

镇隆人民法庭立足新时代矛盾纠纷化解需求，在推进实体诉讼服务窗口

充分发挥"人民法庭＋司法惠民"机制优势，将涉侨纠纷诉调对接中心融入司法惠民服务中心格局

现代化建设的同时，与智慧法院建设成果以及大数据、人工智能、云计算等现代科技深度融合，线上开通"广东移动微法院""粤公正""云上法庭"，配置多元化远程调解平台、自助立案平台等设备，提供网上立案、跨域立案、网上缴费、网上阅卷、电子送达等诉讼业务。主动为辖区内司法惠民服务中心提供线上、线下业务指导及诉前调解司法确认、诉中委托调解服务。2022年以来，镇隆人民法庭对司法惠民服务中心诉前调解案件予以司法确认22件，单案办结用时平均不超过3天，"零成本"快速解纷渠道深受村民欢迎。镇隆人民法庭依托司法惠民服务中心在未设法庭的乡（镇）加挂设立网上巡回法庭1个，通过网络化信息化联通，在线开庭、调解案件175件，调解成功、撤诉148件，在村民足不出户的情况下即可定分止争。

（三）突出优势，融合普法资源

镇隆人民法庭聚焦婚姻家庭、邻里关系、人身损害赔偿等涉及民生领域的纠纷，主动挖掘涉"三农"典型案例，统一采编后投放到辖区司法惠民服务中心，并向辖区各村村委会赠送《中华人民共和国民法典》《以案说法案例选编》等600多册，方便群众学法懂法守法用法，从源头防范法律风险，受到群众广泛好评。积极推行巡回审判模式，就地审理婚姻家庭纠纷、邻里关系纠纷等易发多发案件，2022年以来开展就地开庭、巡回审判、庭审观摩、以案释法200余场（次），推动"审理一案、教育一片"，将普法教育融入治理实践。

青海省果洛藏族自治州久治县
党建引领 "十户长" 激发治理新动能

编者按： 久治县建强 "一纵一横" 两类组织，以 "发挥党建引领作用、建强治理队伍、规范管理办法、构建立体网格" 为基层治理主线，夯实牧区社会治理根基，应对新形势下基层治理新问题、新形势、新挑战，提档升级 "十户长" 制，进一步保障牧区社会和谐有序发展，致力打造新时代 "枫桥经验" 久治样板，探索构建牧区乡村治理新格局。

久治县位于青藏高原东部，青海省果洛藏族自治州东南部，地处青海、四川、甘肃3个省份的交界处，全县总面积8 757.25平方千米，平均海拔4 000米以上。久治县是纯牧业县，全县有2.9万人口，辖1个镇、5个乡，共22个村。由于地处青、川、甘3个省份的交界处，久治县山大沟深，群众居住分散，通信信号覆盖面不足，最远的哇赛乡距县政府所在地100多千米，最远的牧户距离乡政府所在地60千米。特殊的地理位置在一定程度上制约着久治县的乡村治理，导致政策信息下达不及时，掌握社情民意有难度，矛盾调处不及时，政策法规宣传不方便，服务群众有距离，出现应急处突、重点人员管控难等问题，社会组织协同乡村治理能力不足，公众的参与意识和参与热情不高，群防群治的专业化、制度化、常态化的多元主体合作协同治理格局尚未真正形成。为此，久治县探索发挥基层党组织 "领头雁" 作用，建强村（社区）"一纵一横" 两类组织，不断深化 "党建引领+十户长" 制度建设，把干部组织起来，把群众动员起来，不断完善村级治理体系，保障牧区社会和谐有序发展，着力打造新时代"枫桥经验"久治样板，探索构建牧区治理新格局，助力"十户长"乡村治理新模式提档升级。

一、建强纵向组织，加强人才队伍建设筑根基

久治县充分发挥党组织牵头抓总作用，加强党组织建设，引、育、用并重，着力打造牧区基层社会治理高素质干部队伍，有效提升基层治理水平。全面落实村级组织"223"后备人才培养计划，建立214人的后备干部库，实行动态管理、跟踪培养、定期考察，不断提高后备干部素质能力，确保村"两委"班子成员队伍德才兼备、数量充足、结构合理；协同自然资源、人社等部门，将护林员、管护员与"十户长"职责相融合，让"十户长"兼任生态管护员，设置公益性岗位，解决"十户长"待遇问题；推行全域村"两委"直接领导"十户长"，乡党委成员间接领导，县党委政法委统筹指导管理，制定"十户长"年度考核评优制度，重点培养优秀人员，充实后备干部库。

久治县"十户长"参与调解的现场

二、优化横向组织，打造互联互助治理新模式

久治县不断优化乡村治理中的政治领导力，因地制宜、因人制宜，统筹多元力量合力推进牧区治理。**一是将推进牧区治理与无职党员设岗定责相结合。**以政策法规宣讲、产业发展、生态环保、纠纷调处、民生保障、控辍保学、文化振兴、治安联防、应急处置、督导评估等10项村级事务内容为主线，充分利用村"两委"成员、村民监督委员会委员、党（团）员、"十户长"、人民调解员等多元力量，建立10个功能组织。**二是加强"十户长"与其他治理力量的配合协调，协同解决区域性问题。**全县组织开展"春日答卷行"活动和新时代文明实践行动，充分宣传引导，发挥组织作用，积极带动群众参与，修订完善村规民约22条、居民公约4条，开展安全生产大排查活动34次，排查化解矛盾纠纷214件。

久治县"十户长"为老年人普法

三、加强制度建设，探索"十户长"提档升级新方法

久治县以"十户长"前期实践经验为基础，综合考量现实因素，进一步完善"十户长"制度各项内容。**一是完善管理链条。**制定《久治县"十户长"提档升级实施方案》《久治县"十户长"管理办法》，明确网格员的组织

机构及其职责，因地制宜创新制定工作机制，规定管理事项及薪资保障，在确保"十户长"正确履职的同时构建完整的管理链条。**二是明确奖惩细则。**制定《久治县"十户长"奖惩办法》，明确奖罚事项、奖罚力度和奖罚考核流程，每年评选优秀"十户长"，并给予入选"十户长"物质奖励，激发"十户长"工作内生动力。**三是细化履职清单。**制定《久治县"十户长"管理办法》，提出工作要求，明确规定"十户长"12种职责范围，各网格制定责任清单，明确任务分工，细化治理措施，实现网格全员覆盖。**四是打造智治之网。**开发运行以县、乡、村三级信息平台为框架的"十户长"App，以"基层群众会用、乡（镇）能用、县级管用"为目标，紧紧围绕人、事、地、物、网等要素，全力推进基层社会治理工作可视化、立体化、智能化，实现政策法规宣传、突发事件一键报警、外来人员动态管控，进一步加强信息互享沟通，以数据平台支持基层治理，实现信息汇集。

四、拓宽治理广度，构建"多网合一"治理新格局

久治县"十户长"向牧民宣传
党的二十大精神

久治县紧紧围绕大局统筹全域治理工作，创新"十户长＋网格化"治理模式，精准定位治理难题，凝心聚力推进牧区基层治理。**一是实行两类组织跨区域联合机制。**全面加强党的领导，切实发挥党组织领导核心作用，科学分配网格工作，打造团结互信、合作互促、包容互鉴、邻里互助、共赢互利的典范。**二是绘制全域网格化管理区域地图。**通过立体化展示各区域网格地理位置及分配方式，为"十户长"各项管理工作提供便利。**三是不断强化基层治理能力。**全覆盖开展专业培训，全面运行"十户联防"App，有效提升了一线社情民意及时掌控能力，提

高了村民自治水平，完善了群众参与治理的组织形式和制度化渠道，搭建了群众参与治理的线上与线下平台，切实做到了基层治理工作在掌上运行，实现了"群众少跑腿、数据多跑路"，同时提高了治理工作的效率。**四是及时掌握治理动态**。通过各乡（镇）综治中心的实体化运行，做到"制度上墙、网格上墙、人员上墙"，挂图推进全域治理工作，着力打造基层安全隐患预防、矛盾纠纷化解、政策法规宣传、服务农牧民的主阵地，有效打通服务群众"最后一公里"，整体形成"网格事务大家管、基层事务大家办"的良好治理氛围。

新疆维吾尔自治区阿勒泰地区福海县

"乌伦古经验"开创边疆区域依法治理新局面

> **编者按：**福海县坚持问题导向，对依法治理的各类经验做法进行深入分析研究，聚焦乡村振兴，把依法依规解决群众身边多发易发的小事、大事、矛盾、风险等进行分类归纳总结提升，逐步上升为制度成果，最终形成以"小事吹哨子、大事响喇叭、矛盾不上交、风险不外溢"为主要治理特点的"乌伦古经验"。

2016年以来，新疆维吾尔自治区福海县紧紧围绕习近平总书记关于新疆维吾尔自治区工作的重要批示指示精神，深入贯彻落实新时代党的治疆方略和第二次、第三次中央新疆工作座谈会的各项安排部署，以全面加强党的建设为统领，以扎实做好群众工作为抓手，全面深入践行新时代"枫桥经验"，充分发挥全县各族干部群众和网格的作用，围绕"一河一湖（乌伦古河、乌伦古湖）"平安稳定，综合施策、多措并举，探索出符合本地实际的以"小事吹哨子、大事响喇叭、矛盾不上交、风险不外溢"为主要治理特点的"乌伦古经验"，为福海县实现社会稳定和长治久安积累了丰富的治理经验，以社会和谐稳定强力推进乡村振兴。

一、吹响优质服务"集结哨"，管好小事保稳定

福海县坚持党建引领、以人为本、依法治理，将基层组织、党员干部、

社会力量能够解决的事定义为小事，通过"党建＋治理"工作模式，建立"有人吹哨、有人报到"的服务体系。

一是搭建解决小事平台，实现群众需要，组织报到。 以基层组织为引领，紧贴群众需求和乡村实际，围绕"服务党员、凝聚群众"的目标，打造特色党群服务中心9个，搭建"综治中心＋警务室＋法律服务站"工作平台，形成半小时法律服务圈和社会治安防控体系，全面提升精细化治理水平和服务质量。

二是壮大解决小事力量，做到群众需要，有人报到。 选优配强村（社区）"两委"班子，将网格长、网格员充实到人民调解委员会、治安保卫委员会，赋予他们风险排查、矛盾化解等10项任务，聚力解决好群众身边事。建立村级自治人员库，为群众办好事、实事，化解邻里纠纷。

三是激发解决小事活力，推进群众需要，社会报到。 充分调动社会力量参与基层治理，夯实法治社会根基，建立"党支部＋企业＋群众"联动机制，培育法治带头人、法律明白人队伍，解决困难群众、社区矫正人员就业，以发展促稳定，推动村集体收入持续增长，全力为群众办实事、解难题。

"乌伦古经验"研究中心在福海县揭牌成立

二、开通乡村治理"大喇叭"，解决大事谋发展

福海县将需要全民参与的事定义为大事，创新乡村治理"大喇叭"工作模式，群策群力维护社会稳定和发展大局。

一是"喇叭"一响，群众到场，群防群治有合力。 优化全县165个网格，健全完善村规民约和积分制管理等激励约束机制，明确应急处置2种类型和3类警险情形，制定7步处置流程，形成专治群防的应急处置体系。

二是"喇叭"一响，政策到场，群众发展有动力。 依托"乡村治理大喇叭"广泛宣传各项法律法规和惠民政策，强化群众法律意识和法治观念，通过联户议事、集体决策，实现良性自治，使以往"人少事多"爱上访的落后村变成现在团结和谐零上访的小康村。

三是"喇叭"一响，文化到场，文明实践有活力。 把社会主义核心价值观融入德治教化全要素、全过程，通过"乡村治理大喇叭"大力弘扬优秀传统文化，引导群众维护公序良俗，提高道德文明素养，提升基层社会治理效果。

"乌伦古经验"与边疆地区基层社会治理现代化专家论证会

三、谱写团结和谐"枫桥曲",化解矛盾促和谐

福海县不断健全"四级、四调、四对接"工作体系,开展"枫桥式"公安派出所、法庭等品牌创建,形成矛盾纠纷全时段、全流域化解格局。

一是铺设四级网。规范建设覆盖全县的89个人民调解委员会,在村(社区)建设品牌调解室,落实"联户现场办、村级初研判、乡级分类管、县级抓重点"的要求,做到矛盾不上交。

二是打出"四调"牌。以县矛盾调解中心为主阵地,整合人民调解、行政调解、司法调解、行业性专业性调解等"四调"力量进驻联动化解矛盾。

三是做好"四对接"。畅通对接渠道,对符合条件的轻微刑事、民事申诉案件等开展人民调解工作,形成公安、信访、审判、检察与人民调解紧密合作的"四对接"机制,联动化解各类矛盾纠纷。

福海县法学会举行首席法律咨询专家聘任仪式

四、奏响多方联动"协奏乐"，分级预防化风险

福海县坚持贯彻依法治疆方略，强化风险预警和分级管控，防范各类风险。

一是打牢基础早发现。 深入推广"雪都联户"App，广泛宣传"群防群治八发现八报告"，用好100万元情报信息奖励金，让情报搜集触角延伸到最小治理单元，有力打击各类违法犯罪。

二是用好平台强防范。 发挥县、乡、村三级综治中心组织、研判、指挥的作用，落实常态化研判、流转机制，全面分析本区域阶段性风险隐患，对多发性、倾向性、苗头性问题隐患进行预警、预防、预控，做到紧急信息实时预警、动态信息实时掌握、常规信息汇聚分析，及时采取处置措施，全力防范处置突发事（案）件，群策群力抓好社会稳定。

三是信息引路守平安。 运用数据手段打通与专业部门的情报信息通道，搭建智能分析研判模块，依据职责将风险信息在线分流推送至行业部门前端预处、先行化解，做到风险不外溢、不扩散。

福海县党委政法委、法学会组织法律咨询专家团队召开劳资领域案件研讨会

五、探索形成"乌伦古经验",达到协同化治理效果

在"乌伦古经验"的形成过程中,福海县党委、政府从宏观上科学合理地设计治理体系,边实施边完善,各级各部门、各类组织通过融入体系开展工作,降低了工作强度和难度,群众也在享受便利的过程中更加支持党和政府的工作,取得了协同化治理效果。

一是形成党建引领、政府负责的综合服务体系。充分发挥党的组织优势,以《中国共产党政法工作条例》《中国共产党支部工作条例(试行)》等党内条例为根据,通过"党建+治理"工作模式,建立"有人吹哨、有人报到"的服务体系。

二是规范专群结合、依法处置的事件防控体系。通过健全完善村规民约和积分制管理等激励约束机制,明确应急处置2种类型和3类警险情形,制定7步处置流程,发挥三级"乡村治理大喇叭"系统的作用,"战时"应急指挥,号令群防群治力量配合专业队伍依法处置重大事件,平时做好宣传,普及法律知识和公序良俗,让群众从被说通到想通,减少社会对抗风险。

三是构建一站服务、多元参与的矛盾化解体系。率先建成西部地区首家县级矛盾调解中心,整合人民调解、行政调解、司法调解、行业性专业性调解等"四调"力量联动化解矛盾。实现"四调"和"四对接",理顺县、乡、村、网格办事流程,做到矛盾不上交。

四是健全预警预防、分级管控的风险应对体系。坚持依法治疆,强化风险预警和分级管控,防范各类风险。发挥县、乡、村三级综治中心组织、研判、指挥的作用,将公安、网信、信访、"雪都联户"、"12345平台"等行业部门上报的风险隐患类信息进行整合,划分为规律性风险、非规律性风险、突发性风险,形成矛盾风险交办单,交给行业部门和所属乡(镇)重点关注、限期办结,确保矛盾风险闭环化解。

江苏省淮安市涟水县岔庙镇洪滨村

"红色代办"打造群众满意"最好一公里"

编者按： 洪滨村始终坚持抓红色党建促乡村振兴，探索新型农村社区治理服务路径，持续放大本土红色资源、生态资源、农耕文化资源效应，用"红色代办"有效提升农村党支部的凝聚力、战斗力、向心力，实现"红色代办"服务精细投送、精准服务，打造乡村善治样板。

洪滨村位于江苏省淮安市涟水县岔庙镇北侧，因抗日烈士朱洪滨而得名。村域面积3.46平方千米，户籍人口3 150人，耕地面积5 088亩，2022年人均纯收入2.2万元。近年来，洪滨村创新开展"'洪'色代办，'滨'彬有礼"特色服务，打造群众满意"最好一公里"，不断提升农民群众获得感、幸福感、安全感。

一、构建"红色代办"体系，完善基层服务功能

洪滨村探索"红色代办"服务机制，大力推行定点、定员、定项、定时、定标的"红色代办"服务，由党员为群众无偿代办事务，不断提升党员为群众办实事的质量和水平。

制度健全奠基础。 2020年，随着农房改善项目的实施，洪滨村村容村貌迎来大改变，村"两委"办公环境、干部群众面貌焕然一新。洪滨村共有党员98人，村"两委"成员7人，村党总支下设3个网格党支部，并建立村

"两委"干部服务制度和"红色代办"制度。村干部利用党员固定学习日、民主评议、主题教育等活动锤炼党员的理想信念，将党员的教育管理抓在日常。

分工明晰抓落实。第一网格党支部由能参加组织生活的年轻党员组成，组建第一红色代办处。第二网格党支部由在外务工的流动党员组成，组建第二红色代办处，在外推介村里的优惠政策，助推村集体经济发展。第三网格党支部由高龄或退休党员组成，组建第三红色代办处和老龄委，负责村规民约的制定。"三驾马车"齐头共进，更好地传播本土优秀红色文化，传承红色基因。

清单推广强功能。洪滨村积极推广清单制，梳理本村能承接的服务事项共9大类62项，形成服务事项清单，在村办事大厅张榜公布，办事流程、所需材料等一目了然，让村民办事方便快捷，完善了村级服务功能。2022年，洪滨村共为1812人次办理教育、医疗、社保、困难补助等事项。

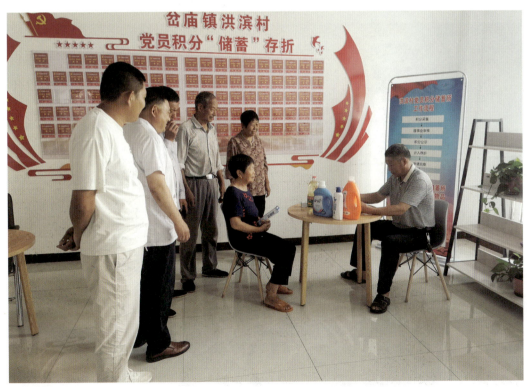

洪滨村党员凭积分"储蓄"存折兑换日用品

二、建设"红色代办"阵地，温暖农民群众心田

洪滨村村部设有"红色元素"一站式办事大厅，大厅内设综合服务、党建政务、志愿服务等服务窗口，打造了一个融党员活动、群众议事、便民服务、政策咨询、教育培训、文化娱乐于一体有温度的民生服务综合体。村党总支积极打造3个红色阵地，温暖群众心田。

"便民"阵地解民需。 村部设有卫生室、居家养老中心、洪滨书场、镇街影院、农家书屋、健身室、儿童娱乐室等场馆，集医疗卫生、居家养老、文娱休闲多重功能于一体，功能布局合理，休闲娱乐设施齐全，并且有村志愿者全天候提供服务，满足本村乃至周边村（居）群众的多方位需求。

"乐民"阵地兴文化。 洪滨村有面积约600平方米的村民红色文化广场，用于承办镇、村两级各类文艺活动。第一红色代办处结合宣讲党的二十大精神、建党102周年、传统节日等，开展了广场舞大赛、青年唱红歌比赛、跳

洪滨村红色文化广场景色宜人

龙船宣讲、淮海琴书及民间小戏表演等群众喜闻乐见的文娱活动，丰富了群众的文化生活。

"慧民"阵地增明智。洪滨村聚焦群众需求，充分发挥村级党群服务中心的作用，经常性开展政策宣传、公益讲座、法律援助、禁毒宣传、防范养老诈骗及电信诈骗宣传等志愿服务活动。2023年以来共举办慧民服务活动26场（次），增强了群众的法治意识。

三、开展"红色代办"服务，助推村级产业发展

洪滨村创新开展美丽乡村建设，引导村民积极参与乡村振兴，绘就"宜居、和谐、善治"的乡村新图景。村"红色代办"服务转变角色，因业施策。

充当"辅导员"，助产业兴旺发展。第一红色代办处充分发挥新型农业经营主体"辅导员"职能，发展培育了10家家庭农场、农民专业合作社等新型农业经营主体。同时为经营大户提供优质良种、病虫防治、农机作业、烘干仓储、产品营销等方面的贴心服务，每个经营主体平均年纯收入在20万元以上，村集体经济年收入增加10万元以上。

变身"招商员"，助沉睡资源激活。为盘活闲置集体资产资源，第二红色代办处积极以"招商员"身份外出招商，在闲置的46.5亩集体建设用地上建成1.5万平方米标准厂房，形成小工业园，引进了锂电池设备制造等项目，带动153名村民就业，每年为村集体增加收入15万元。"有困难找红色代办"在客商心中已经形成共识。

担当"调解员"，助社会和谐稳定。第三红色代办处充分发挥老同志、老党员的余热，定期开展大巡防、大走访、大化解活动，入户走访每月不少于1次，及时掌握每户村民的生活状况及诉求愿望。2022年共收集群众意见建议137条，累计调解各类矛盾20余起，绘就了人心和善、和睦安宁的和美乡村新画卷。

洪滨村开展"产业兴旺 乡风文明"演出

四、推行"红色代办"治理，擦亮基层治理底色

洪滨村通过"红色代办"服务，倡导文明、节俭、健康、科学的生活方式，形成喜事新办、厚养薄葬、节俭养德、文明理事的社会新风尚。

一是文明村风"树起来"。洪滨村红色代办处注重发挥党群议事会、红白理事会的作用，坚决遏制农村高额彩礼、人情攀比、婚丧喜事大操大办等不良风气，制定了红白事操办标准，对红白事的席桌规模、用车数量、办理天数等都进行了具体规定，对违反村规民约的村民采取取消评选星级文明户资格等8项约束措施。

二是群众积分"涨起来"。洪滨村坚持把"积分制"管理与乡村治理工作结合起来，红色代办处积极推行"积分制"，充分调动村民的积极性，带动越来越多村民自觉遵守村规民约、向上向善，形成了村党组织牵头、红色代办处带头、群众点头的红色乡村治理新模式，实现"大事不出村、小事不出代办处"。近年来无一例越级上访事件发生，探索打造了乡村善治新样板。

　　三是乡村环境"靓起来"。村"两委"班子持续完善洪滨中心村基础设施建设，新建污水处理厂1座、健身广场2 500平方米、卫生室180平方米，种植绿化植物3万平方米，铺设道路3千米，安装路灯82盏，共计投入500余万元，并积极申请农业开发项目，建造防渗渠、排水沟等。

洪滨村新型农村社区外景

　　四是困难群众"笑起来"。村集体成立洪滨红色物业服务公司，为全村群众提供道路卫生保洁、维修、安保等服务，并安置12名困难群众在家门口就业，巩固了脱贫攻坚成果。

　　红色是洪滨村的背景色，洪滨村党总支将"红色代办"作为服务群众的金字招牌，搭建党群之间的"连心桥"，激发干部群众在乡村振兴和乡村治理中的内生动力，书写了一曲红色的新时代华章。

第二部分

聚焦网格化管理、精细化服务、信息化支撑，完善治理平台

重庆市
推行党建统领乡村"院落微治理"
打通治理"最后一百米"

　　编者按： 重庆市结合丘陵山区库区群众"小聚居、大分散"的特点，针对农村"空心化"现象突出、网格治理单元较分散、农民群众参与治理程度不高、村级组织服务管理较薄弱等问题，聚焦突出农民主体地位，探索推行党建统领乡村"院落微治理"，搭建群众参与乡村治理公共空间，推动治理单元下沉，全力打通乡村治理"最后一百米"，实现村民自我管理、自我教育、自我服务，不断提升乡村治理效能，有效助推乡村全面振兴。

　　重庆市常住人口3 213.34万人，其中乡村常住人口933.02万人，占比29.04%；乡村户籍人口1703.1万人，占全市户籍人口的49.89%。重庆市辖38个区（县），1 031个乡镇（街道），9 198个行政村（涉农社区），74 778个村民小组。针对丘陵山区库区群众居住分散、乡村治理网格单元较大、群众参与度获得感不强等问题，在区（县）以"院落""院坝""院湾"为中心开展"微治理"成功实践基础上，推行党建统领乡村"院落微治理"，突出农民主体地位，聚焦建好小院、经营庭院、管好院落等关键环节，搭建群众参与乡村治理的平台，缩短乡村治理半径，创新乡村治理与乡村产业、乡村建设融合发展机制，全力打通乡村治理"最后一百米"，推动形成共建共治共享新格局。到2023年年底，全市打造"院落微治理"、乡村治理"数字化"

试点示范村各100个；力争到2027年全面推行乡村"院落微治理"，实现基层问题在院落化解。

一、因地制宜"建设好院落"，搭建微治理"台子"

一是科学设置院落。按"地域相连、民风相近、群众自愿、规模适度、能力匹配"的原则，以自然村落为基点设立院落，一个院落30户左右，形成院落微网格。区（县）乡村振兴局牵头，乡（镇）党委、政府指导做好院落设置命名、运行管理等工作。截至2023年年底，重庆市已有3 400多个村开展"院落微治理"，占行政村总数的38.9%。如：万州区将行政村（涉农社区）划分为3 071个网格、4 333个院落，配备专职网格员2 905人、兼职网格员3 477人、"院落长"4 333人，实现行政村全覆盖。

二是精心选好"院落长"。按照"个人自荐、群众推荐、村级审查、乡（镇）审定"的原则，由在当地常住、有威望、群众公认的能人担任"院落长"，原则上不由村干部兼任。规模较大的院落设置2～3人组成的院落管理小组。建立机关干部、乡（镇）干部、村"两委"成员、驻村第一书记"一对一""多对一"联系"院落长"制度，形成"村民吹哨、院落上报、村组集合、乡镇报到"的工作格局。

三是建好院落设施。结合宜居宜业和美乡村示范创建行动，策划包装一批乡村治理与乡村建设融合发展示范项目，下沉至院落组织实施，推动水、电、气、物流、快递等基础设施和文化、法律等公共服务进院落、入农户。如：潼南区利用"三和"民情室平台，组

何家岩村院坝会现场

织村民共同规划家乡一草一木、一桥一路，建成了具有地方特色的"太安十二院"主题院落。

二、聚焦增收"经营好院落"，做实微治理"里子"

一是培育庭院经济。以乡土资源为依托，以院落庭院为载体，以"小规模、多品种、高品质、好价钱"为导向，采取以奖代补、以补代投、先建后补等方式支持发展庭院经济，推行"龙头企业＋""合作社＋""致富带头人＋""乡村振兴帮扶车间＋"等模式，带动庭院小加工业发展，促进群众就地就近就业。如：长寿区搭建"技能分享"平台，致富带头人到院落共享技术和资源，提升群众生产技能，培育产业工人；奉节县引进社会资本开发乡村旅游，探索"村集体＋庭院＋农户"模式，带动院落发展农家乐民宿58家，引导院落经济抱团发展。

二是建好清洁小院。组织在家农户、公益岗位人员等，组建小院清洁队、院落巡逻队，建立"分户包院"机制，定期开展院落环境卫生检查评比、夜间治安巡逻、收集社情民意等工作。如：潼南区组织院落保洁队伍，开展村庄清洁1 500余次，新改建卫生户厕1 250户，评选美丽小院400个。

三是开设议事大院。探索"院落说事"制度，设立群众议事厅、百姓说事点，推行"大事政府牵头快办、小事院落协商共办、私事引导群众自办"的"三事分流"机制，引导群众自己说事、议事、主事。将积分制、清单制延伸到院落，重庆市行政村积分制运用覆盖率达88.8％。如：璧山区建立"三级院坝会"制度，区、

放牛坪村表彰积分制优秀家庭

乡（镇）、村三级干部常态深入院落，实施"敞开说—大家议—齐心办—共同评"闭环议事规则。

四是办好书院讲堂。 利用闲置村小学校园、空置农房等资源，建立"小院讲堂""院落茶馆"，通过"院落主题日"等机制，挖掘院落历史文化，组织村民自己讲好小院故事，鼓励有条件的地方设立村史馆。如：永川区设立"评理堂"、沙坪坝区开办"和顺茶馆"、荣昌区创设"新风小院"，既增强了政策宣传力度，又丰富了群众文化生活。

"和顺茶馆"开展和顺讲堂

五是开展邻里互助。 组织开展生产、生活、健康方面的互助，创设"互助帮帮团""邻里妈妈团"等，有条件的院落探索开办老年互助食堂，为留守老人照料、留守儿童教育等问题提供解决途径。

三、以人为本"管理好院落"，开好微治理"方子"

一是坚持党建引领。 村党组织将院落治理作为主要任务，符合要求的党员担任"院落长"，设立院落党小组，组织发动党员带头参与院落治理。如：璧山区推行"党建引领水价治理"模式，组织农民群众共同管水、用水，实现城乡供水同网、同价、同管；万州区在农村地区推行"院落主题日"，建起"组织扎根、服务进门、资源下沉、治理增温、幸福提升"党建统领乡村治理机制。

二是强化数字化支撑。重庆市统一构建"一中心［乡镇（街道）基层治理指挥中心］、四板块（党建统领、经济生态、平安法治、公共服务治理板块）、一网格［村（社区）网格体系］"一体化智慧治理平台，建立市、区（县）、乡（镇）三级治理体系。创新打造"小院家""巴小智""爱大足"等乡村治理应用场景，立足农民群众爱用、愿用、管用，建立线上线下参与渠道，通过数字化为"院落微治理"赋能。如：巫山县全域推行"小院家"乡村治理小程序，已覆盖25个乡（镇）、310个村、968个小院，服务村民11 970人；巴南区打造的"巴小智"乡村治理小程序入选全国数字乡村试点优秀案例。

"院落微治理"数字化应用上线

三是引导社会化参与。由区（县）组织开展"幸福院落""优秀院落长"等选树活动。探索政府购买社工服务，动员社会力量捐赠，着力构建基层党组织领导下的公共服务圈、群众自治圈、社会共治圈，形成政府引导、社会参与、群众自治的"共治联盟"。

　　四是注重系统化保障。区（县）统筹组织、宣传、政法、民政、司法、农业农村、乡村振兴、文化旅游等方面的资源，为院落建设提供政策、资金、项目、人才支持，放大资源叠加效应。将探索推进"院落微治理"工作情况作为财政衔接补助资金分配的依据，作为能否被推选全国乡村治理示范村镇和全国文明村镇的重要条件之一。市级采取以奖代补、典型选树、政策激励等方式予以鼓励支持。

清油洞村"幸福院坝"荣誉揭晓

北京市平谷区
依托"微网格"探索精细化治理新模式

编者按：平谷区立足发展实际，深化党建引领优势，提升乡村治理效能，积极探索"微网格"乡村治理新模式，将全区精细划分成3 170个网格单元，推动将乡村治理各项事务全部纳入网格，把服务触角延伸到群众身边，实现了群众问题即时响应、快速解决，全面提升了乡村治理实效。

平谷区位于北京市东北部，总面积948.24平方千米，常住人口45.7万人，辖2个街道、16个乡（镇），共320个村（社区）。近年来，平谷区深耕"微网格"，撬动"大治理"，通过精细划分网格、选优配强网格员、明确网格职责、优化网格运行等，把接诉即办、环境整治、政务服务等工作全部入网落格，赋予基层党组织更多资源、更大活力、更强功能，做到"多个龙头进水、一个龙头出水"，进一步深化乡村治理的组织化程度并提升了精细化水平。

一、落实"三定"，搭建网格治理体系

"定格"实现全域覆盖。区级出台了深化"微网格"治理机制的实施意见，按照"切合实际、规模适度、科学合理"的原则，指导镇（街）、村（社区）综合地域面积、人口分布、管理幅度、力量配置等因素，以村每45户左右、社区每130户左右为标准，将全区320个村（社区）划分为3 170个"微网格"，将19.7万户45.7万村（居）民全部纳入网格管理服务，实现了"横向到边、纵向到底"，消除管理服务盲区。

"**定人**"体现"**一员多能**"。2021年之前，平谷区下沉到乡镇（街道）的护林员、保洁员等各类协管员就有16类，人员众多，职责单一。各乡镇（街道）全面统筹在村工作力量，把下沉到村（社区）的各类协管人员全部落到"微网格"中，指导村（社区）从中优选网格员，承担"微网格"内各类工作事务，实现"一岗多能"。

"**定责**"明确具体任务。为规范网格员工作，区级出台管理办法，明确了网格员7类基本职责、40余项具体任务和工作要求，为网格员履行管理服务职能提供操作指南。网格员在村"两委"班子领

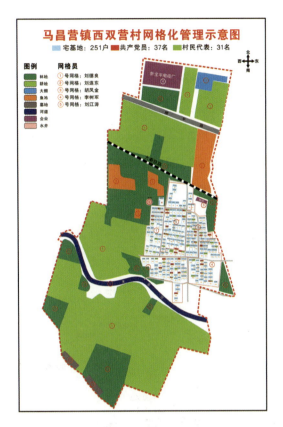

村级网格化管理示意图

导下开展工作，在承担协管员职责的基础上，完成信息采报、隐患排查、便民服务、矛盾化解等方面的任务，是乡村治理的"好帮手"。

二、规范流程，优化网格运行机制

做到即时响应。网格员定期入户走访，做到有事情，第一时间知道；有困难，第一时间解决；有需求，第一时间服务。对一般性事件，网格员可现场处理，记录备案。对协调性事件，网格员会向村（社区）汇报，经与乡镇（街道）沟通衔接后，及时向服务对象反馈办理进度和结果。对于突发性事件，网格员按程序上报反馈，并全力配合处置、跟踪办理。

坚持双向处置。网格员收集、发现的问题，村（社区）无法自行解决的，会及时上报乡镇（街道）处置解决。乡镇（街道）认为需区级层面协调

解决的，启动"吹哨报到"机制，上报有关部门处置。各类问题处置结果做到逐级反馈，直至当事人，扣紧了问题处置的双向闭合环路。

实施分类处理。对于基层反映的社会管理问题，按各职能部门服务管理权限和执法界限厘清职责。对责任主体明确的执法管理问题，由相关职能部门执法人员负责处置。对部门职责交叉、需多部门协同解决的难点问题，由乡镇（街道）网格化综合管理中心统一协调派单，组织相关职能部门开展联合执法处置。

平谷区"微网格"治理体系信息化平台

三、强化保障，确保网格高效运转

推动人员下沉。将镇村干部、家庭医生、司法服务人员、物业管理人员等各类服务管理人员全部纳入网格，提升网格服务专业性和规范性。目前全区已有1 300余名家庭医生，1 125名政法干警落格进群，面向网格内群众提供问诊咨询、释法答疑、纠纷调解等服务，村民有诉求可联系相关人员，相关人员会随时响应解答。

强化科技支撑。同步组建3 170个网格微信群，并依托微信群搭建了"微网格"治理体系信息化平台。网格员在群内开展政策法规宣传、通知公

峪口镇全能网格员大赛颁奖现场

告发布等工作，引导群众开展公共话题、热点诉求等方面的讨论，承接问卷调查、民意收集等任务。信息化平台可在后台即时收集网格数据、实时抓取讨论热词、智能分析网格舆情等，区级也可通过平台直达群聊内部，直接连线网格员，让权威信息一键通达、政策信息及时送达、惠民信息随时直达，打通了联系群众的"最后一米"。

建强网格队伍。按照职业化、专业化的方向，通过以考代训、以赛促训等方式，抓好网格员的教育培养。全区网格员统一着装、统一标识、持证上岗。实行网格员服务公示制度，在村（社区）醒目位置公示网格员姓名、联系电话，方便群众办事，接受群众监督。建立网格员考核评价和激励机制，坚持注重实绩、群众满意原则，对优秀网格员在基本报酬基础上给予绩效奖励，先后将60名网格员纳入村级后备人才库，51名网格员被列为党员发展对象。

四、发挥作用，提升网格治理效能

上下贯通服务群众。在平谷区，"有事就找网格员"理念已深入人心，

网格员入户检查燃气安全

网格员入户走访老年人特殊群体

网格员已成为乡村治理的灵敏"触角"。"微网格"运行以来，多个乡镇（街道）通过网格进行爱心寻人，让一家的"揪心事"变成大家的"关心事"。一位村党支部书记感慨："找到失联人员靠的就是格格联动，大家一起出主意、想办法，将每个小力量汇成大能量，这就是实实在在的效果。""找得到人"只是"微网格"工作成效的一个缩影。截至2023年年底，全区已累计通过"微网格"采集信息20余万条、排查隐患1.5万余处、收集需求1.9万余个、提供便民服务6.5万余次、化解矛盾7 000余起、响应群众诉求28万余件。

网格员现场记录村民急难愁盼问题

"下交群评"化解矛盾。"下交群评"是平谷区深化接诉即办改革的一项创新举措。对接诉即办中的一些难解诉求，经乡镇（街道）或相关部门研判后，"下交"村（社区）党组织，依托"微网格"开展群评群议，根据评议结果对诉求事项进行定性定责。

这一工作方法强化了群众"主人翁"意识，激发了群众内生动力。如在马昌营镇，邻里纠纷高发，此类矛盾尖锐难解，村里将这些难解的事通过"微网格"摆到"台面上"，让大伙"评评理"，多年的邻里矛盾得到化解，群众也自觉融入村级治理中。

同网共治赋权赋能。为更好发挥"微网格"作用，平谷区进一步推动将乡村治理各项事务纳入网格，民政、财政、统计、妇联、森林防火、科协等部门赋予网格员更多权限，借助"微网格"协助开展基层统计调查、居家养老服务等。诊疗服务、法律咨询、便民代办、志愿活动等与群众生活息息相关的事项也逐步依托"微网格"一格一格落到底，大大增加了"微网格"的功能。

甘肃省甘南藏族自治州

硬件软件两手抓
探索民族地区乡村治理新路径

> **编者按：** 党的十八大以来，甘南藏族自治州以发展特色产业和集体经济、创新网格化管理机制、推进多民族团结发展及加强农村精神文明建设为抓手，有效推进宜居宜业和美乡村建设，探索民族地区乡村治理新路径。

甘肃省甘南藏族自治州（简称甘南州）成立于1953年10月，是全国10个藏族自治州之一，总面积4.5万平方千米，常住人口69.10万人，有藏、汉、回、蒙古等35个民族，其中藏族人口42.94万人，是民族地区、革命老区、脱贫地区，也是黄河、长江上游重要的水源涵养区、补给区和国家重要的生态安全屏障。为将巩固拓展脱贫攻坚成果同乡村振兴有效衔接，甘南州从健全乡村治理体系、促进民族团结进步、强化基础设施建设，以及提高为民服务水平等方面综合施策、集中发力，取得了显著成效。

一、创新村级网格管理，健全乡村治理体系

甘南州坚持大抓基层、大抓治理，不断创新完善乡村治理方式，做到乡村治理广动员、全覆盖。

健全工作机制。 探索构建"基层党建＋文明村社＋和谐寺庙＋美丽家园＋两代表一委员＋党政干部＋民兵队伍＋十户联防"的"8＋"治理工作机制，

汇集了多方治理力量，建立起了全域覆盖、全网整合、规范高效、常态运行的工作体系，已经成为甘南州"联人、联事、联心"的桥梁纽带，有力推动和谐甘南、平安甘南建设。

做实网格化管理。按照"以人为本、就近方便、界定清晰、易于管理"的原则，甘南州划定网格3 063个，将人、事、地、物、情等要素全部纳入相应网格化单元，网格长由现有党政干部兼任。网格中每20户左右设置联户长，由具有一定威望和处理公共事务能力的村民担任。

推动治理力量下沉。甘南州近7万名党政干部、两代表一委员、村"两委"班子成员、基干民兵、网格长、联户长，对694个行政村（社区）、75万人口实现联系全覆盖。

甘南藏族自治州合作市卡加曼乡香拉村747000社会服务品牌

二、转变群众思想观念，推进民族团结发展

甘南州从民族地区实际出发，始终把促进民族团结进步摆在重要位置，常抓不懈、久久为功。

铸牢中华民族共同体意识。甘南州将民族工作理论知识纳入党员和国民教育体系，深化拓展"为中华树魂、为民族立根、为生民立命、为梦想扬帆"铸牢中华民族共同体意识主题活动，建成甘肃省铸牢中华民族共同体意识甘南教育实践馆，这是甘肃省首家铸牢中华民族共同体意识教育实践馆。向全域党政干部和各族群众推送铸牢中华民族共同体意识、促进民族团结进步等题材的短信息56万余条，积极引导全域各族群众牢固树立中华民族共同体理念。甘南州被评为全国民族团结进步示范州，所辖8县（市）均成为全国民族团结进步示范县（市）。

深化群众性精神文明创建。甘南州围绕"三个（乡风民风、人居环境、文化生活）美起来"的目标，培育社会文明新风，不断激发乡村社会的动力活力。甘南州已建成全国文明乡（镇）1个、文明村庄5个，省级文明乡（镇）17个、文明村庄19个、文明社区6个，州级文明乡（镇）51个、文明村庄119个、文明社区14个。662个行政村和34个社区均成立新时代文明实践所（站），组建1 248支志愿服务队，4.1万名志愿者常态化开展各类文明实践活动。

开展农牧民群众教育。甘南州各行政村（社区）创新开设"积分超市""积分银行"等，广泛宣传普及文明礼仪知识、文明道德理念，引导教

甘南藏族自治州夏河县曲奥乡香告村村民在"积分超市"里兑换生活用品

育群众从慵懒散、等靠要落后思想观念向真善美转变。

推进农村移风易俗。积极开展移风易俗专项行动，将健全完善村规民约作为调动人人参与基层治理、推进农牧村文明建设的重要抓手，动员广大农（牧）民广泛参与村规民约的制定完善，把婚丧规模、环境整治、戒赌戒毒等内容纳入其中，推动社会新风尚在基层树立，为人人参与基层社会治理及共建美丽乡村提供思想保障、精神动力、道德滋养和文化条件。

三、强化基础设施建设，完善便民服务体系

甘南州立足农牧业人口占比高、生态区位重要的州情，把工作的重点放在乡村建设和发展上，着力加快基础设施建设，不断完善为民服务体系。

甘南藏族自治州卓尼县喀尔钦镇革古村包村干部入户调解矛盾纠纷

建设生态文明小康村。坚持一村一规划、一村一方案，着眼补齐路房、水电、桥涵等重点基础设施短板，着力保障教育、医疗、社保等基本民生，2015年以来，累计建成红色旅游型、生态体验型、特色产业型、休闲度假型、民俗文化型等各种类型的生态文明小康村2 121个，覆盖全域73%的自然村。合作市卡加曼乡博拉村开展生态文明小康村建设，辐射带动2个行政

村14个自然村的380户1 925人，年创造经济价值700多万元。

强化基层便民服务。有效发挥州、县、乡、村各级部门联动、党政干部推动作用，采取"综治中心＋"模式，按照"一所场地、一套人马、一块牌子、一套服务设施、一个网络系统、一套管理制度、一张事项清单、一种服务模式"的"八个一"建设标准，整合同级矛盾纠纷调处中心、妇女儿童维权中心、群众信访接待中心、诉前调解中心、公共法律服务中心等合署办公，设立便民服务大厅受理窗口，实现"一窗式受理、一站式服务、一张网运行、一揽子解决"，累计受理各类事项17 036件，办结率99%，群众满意率达到100%。

河北省邢台市平乡县

"平安e格"数字赋能乡村治理

编者按：平乡县利用大数据、云存储等技术，自主研发"平安e格"信息系统，大力推进"党建＋网格化＋数字化"，科学划分综合网格，着力打造网格化管理、精细化服务、信息化支撑的基层治理平台，实现"一网通管""多网合一""一格多能"，构建了"微事不出格、小事不出村、大事不出乡、难事不出县、服务群众民生、化解矛盾纠纷"的乡村治理新格局。

平乡县位于河北省邢台市中东部，面积406平方千米，人口32万人，辖4个镇、2个乡、1个街道和1个省级高新区，共有253个行政村（社区）。为提升乡村治理效能，助力宜居宜业和美乡村建设，平乡县统筹乡村治理各个领域，探索建立了网格化服务管理中心，打造了"平安e格"信息系统，用数字化手段赋能乡村治理，激发了乡村治理的新活力。

一、聚焦集约化、全要素，构筑网格化服务管理新体系

一是科学搭建网格化架构，积聚力量实现"多网合一"。 平乡县借助大数据、信息化手段，开发了"平安e格"信息系统，把建立健全网格化服务管理体系作为乡村治理的关键点和落脚点，打通乡村治理"最后一公里"。坚持以党建为引领，强化统筹协调，推进"多网合一"。县级成立县委书记、县长任"双指挥长"的网格化服务管理中心，各乡镇（街道）组建工作专班，县直相关部门明确主管副职和联络员，统筹11个部门的网格资源，统一划分村

级网格、新型社区网格1 166个，教育、城管、卫健等专属网格415个，共计配备网格员、网格指导员、警务员、法务员等2 540名，专门邀请141名人大代表、政协委员担任网格化服务管理特约监督员，实现网格全覆盖。

二是创新开发智能化平台，数字赋能实现"一键互联"。 平乡县成立占地500平方米的网格化服务管理中心，安装"平安e格"智慧大屏，配备14名专职人员，乡镇（街道）和相关部门建设"平安e格"分平台，网格员开通"平安e格"手机App，通过信息系统实现网格员与县中心、乡镇（街道）、县直部门平台的"一键互联"，建立事件上报、流转、处置、反馈、评价等全过程智能回溯体系。

三是建立完善制度化体系，机制引领实现规范运行。 为进一步提升工作质效，平乡县细化流程、规范举措，相继出台《关于网格化服务管理"多网合一"工作的实施方案》《平乡县网格治理"1＋10"标准体系建设》《关于网格化服务管理工作的考评办法（试行）》《平乡县"网格任务发布"规范（试行）》《平乡县"十佳网格员"评选工作意见》等文件，制发"平安e格"操作手册，以制度体系建设推动乡村治理工作有序开展。

"平安e格"运行数据

二、聚焦精准化、有效性，推动网格化服务管理取得新成效

一是"问题清单＋事务分级"，规范问题报送。 围绕重点工作及群众急难愁盼问题，平乡县在"平安e格"App上设立网格问题采集、巡查工作日

志两大板块75个二级分类，并制定网格员工作手册，明确生态环保、社会治安、矛盾排调、城市管理、安全生产等26类共197项的任务清单，根据问题办理时限分为A、B、C、D 4个等级，让网格员"照单"操作、按类上报。设立信息质量组，专门负责查看网格员上报事件的状态，及时开展指导培训，确保工作实效。

二是"任务发布＋信息采集"，拓宽问题来源。县网格化服务管理中心、县直相关部门、各乡镇（街道）每月向全体网格员或部分网格员"点对点"发布任务，同时明确巡查"九必报"、入户"六必访"要求，建立网格员日常巡查机制，每名网格员每月至少上报20篇工作日志和10条有效信息，其中至少5条信息需要被报到乡镇（街道）或县平台进行解决，网格员及时发现并推动隐患问题整改。平乡县积极倡导人人都是网格员，在"平安e格"平台开放"群众随手拍"功能。

平乡县"平安e格"服务管理中心

三是"有效判定＋限时办结"，提高问题处理质量。平乡县将信息上报质量作为考评各乡镇（街道）的重要内容，网格员上报问题的处理结果需经村（社区）网格负责人进行甄别，问题办结需同时附上现场照片佐证。对于信息上报质量不高、办理敷衍应付问题的网格员，直接由村、乡判定无效，县网格化服务管理中心在网格员提交办结申请48小时之内需对事项进行有效判定。网格员办理事项超过办结时限48小时的，系统会自动警告提醒，县网格化服务管理中心进行跟踪处理，被确定为无效信息或超时办结的，会在月考核中对网格员给予扣分处罚。

四是"完整闭环＋高效循环"，解决问题精准高效。 平乡县以"平安e格"为载体，围绕"微事不出格、小事不出村、大事不出乡、难事不出县"，推进矛盾问题"网格首诊、村居坐诊、乡镇（部门）接诊、县级会诊"模式，网格员能够自己解决的问题，应及时处理结案，无法解决的问题，提交村（社区）网格负责人及上级解决。打造"网格自循环、村居小循环、乡镇中循环、县级大循环"4类闭环流程，形成乡村治理新格局。

平乡县为优秀网格员颁奖

三、聚焦真发现、摸实情，推动网格化服务管理走深走实

一是建立问题回溯机制，推动网格员真排查、真报事。 每月由各乡镇（街道）、县直部门对上月辖区和系统内发生的负面问题进行梳理，县网格化服务管理中心安排专人每月对特约监督员反馈的问题进行统计，通过问题倒查该区域网格员，应报未报的要进行相应追责。若问题未引发较大后果，则

对网格员进行月考核降档处理；若问题引发的后果较为恶劣，则对网格员进行换岗、辞退处理，有效减少瞒报现象的发生。

二是建立分析研判机制，推动问题隐患真解决、真化解。强化"日报告""周研判"，县网格化服务管理中心通过整理网格员上报的事件情况，形成网格员工作日志，联合乡镇（街道）工作专班及相关部门，实行周例会机制，定期研究解决重点难点问题，研判分析当月总体情况，梳理问题多发领域，尤其是发现重大问题，及时呈报县委、县政府，定期向县委常委会汇报工作情况，推动问题彻底解决。平乡县累计编发网格员工作日志、网格化工作周研判、网格化管理工作专报568期，点对点指出问题2 269个，推动全县工作有力开展，为县委、县政府提供决策参考。

三是建立晾晒考评机制，推动网格化服务管理真用心、真负责。平乡县利用网格化服务管理中心的数据大屏加强日常监管，动态展示全县网格员上报事件总体情况、部门办理情况、任务发布情况、事件最新动态展示等内容，精准掌握各环节工作进展，做好督促指导。加强考核评价，建立月考评机制，将网格员按照考核结果分为优、良、中、差4个等级，同时每月评选县、乡"十佳优秀网格员"，强化先进典型带动激励作用，并将网格化工作考评结果按20%的分值纳入对各乡镇（街道）乡村治理考评，以考核倒逼工作落实。平乡县"平安e格"信息系统自运行以来，全县网格员上报巡查走访日志40.4万余条，化解矛盾纠纷3 824起，为群众办实事15.5万余件。

湖南省娄底市娄星区
以"屋场"为单元激发基层治理效能

编者按： 为加快推进乡村治理体系和治理能力现代化，娄星区积极探索以"屋场"为基本单元的"三屋同治"乡村治理模式，按照血缘相亲、地缘相近、业缘相融原则，将全区144个村划分为1042个"屋场"，分别成立"屋场"党小组、"屋场"理事会、"屋场"合作社，构建起"三位一体"强基础、"三治"融合提效能、"三资"整合促发展的乡村善治新格局，实现"屋场"事务从"管理"到"治理"再到"自理"的转变。

娄星区地处湖南省中部，总面积630平方千米，辖1个乡、5个镇、7个街道，有144个村、60个社区，总人口75.2万人，其中农村人口18.87万人，农村党员8 955名。娄星区在深入实施乡村振兴战略过程中，出现了农民群众参与度不高、基层管理服务跟不上等现象，迫切需要进一步建立并完善乡村治理体制机制。2022年，娄星区细化优化乡村治理单元，将全区144个村划分为1 042个"屋场"，并以"屋场"为单元，成立了"屋场"党小组、"屋场"理事会、"屋场"合作社，全面推进农村基层党建、社会事务管理、产业发展等各项工作，形成了"三屋同治"乡村治理模式。

一、建好"屋场"党小组，筑牢基层战斗堡垒

"屋场"内党员组成一个党小组，而"屋场"内党员较少的，相邻"屋场"成立联合党小组。**一是理顺组织关系。** "屋场"党小组在村党支部的统一领导下，发挥组织群众、宣传群众、凝聚群众、服务群众的功能，指导、

支持志愿服务组织、专业合作组织开展工作。村党支部引导"屋场"内的支部委员、村民小组长担任"屋场"党小组长，或者指派能力强、威信高、口碑好的党员担任。娄星区8 955名农村党员分别被纳入1 042个"屋场"，成立"屋场"党小组993个。**二**

蛇形山镇姚桥村瓦屋里"屋场"开展党的二十大精神宣讲

是明确职责任务。"屋场"党小组是基层党组织延伸的"触角"，发挥上传下达、组织实施、凝聚人心的作用，其主要职责是开展灵活多样的党组织生活和党员志愿服务活动，指导"屋场"理事会协调解决群众利益诉求、调解矛盾纠纷，指导"屋场"合作社发展产业，落实村党组织安排的其他工作。**三是发挥示范作用。**创新"党小组＋理事会""党小组＋合作社"的工作机制，发挥党员先锋模范作用，落实无职党员设岗定责，形成"党员带头群众赞、群众跟着党员干"的良好氛围，彰显"困难面前有党员、党员面前无困难"的责任担当。

二、建好"屋场"理事会，发挥群众自治效能

每个"屋场"均成立由3～7人组成的"屋场"理事会，由群众民主推选出处事公道、热心公益、群众信服的村民担任理事会成员，理事长原则上由党小组长兼任。**一是当好屋场建设"组织员"，助力乡村振兴。**"屋场"理事会组织引导群众围绕人居环境整治、产业发展、美丽"屋场"建设等方面共商共议，充分调动群众的积极性、主动性、创造性。娄星区已集中连片建成美丽"屋场"232个，正在推进100个和美"屋场"建设。**二是当好矛**

盾纠纷"协调员"，维护平安稳定。娄星区共组织召开"屋场"会6 300余次，调解矛盾纠纷1 500余起，全区90%以上首次出现的矛盾纠纷均在"屋场"得到妥善处理。"屋场"模式推广以来，娄星区到中央、省、市信访人数同比分别下降了92.50%、62.33%、60.93%。**三是当好为民服务"勤务员"，助力民事民办。**"屋场"理事会成员紧密联系服务群众，随时听取群众的呼声，清单式解决群众诉求，通过"屋场"这一平台打通服务群众的"最后一公里"，已解决群众反映的问题1 769个。**四是当好移风易俗"宣讲员"，促进乡风文明。**"屋场"理事会引导建立村规民约，成立红白理事会，遏制陈规陋习，倡导文明新风。如万宝镇石塘村将婚事新办、丧事简办的内容写进村规民约，2022年该村某村民为父亲办理丧事，购买了很多烟花和鞭炮，"屋场"理事会主动上门做工作，最终该村民主动退掉了所有烟花和鞭炮。

石井镇泽溪村石林"屋场"理事会正组织召开"屋场"会

三、建好"屋场"合作社，激活内生发展动力

娄星区共组建"屋场"合作社113家，流转土地7.6万亩。目的是重点解决好5个方面的问题：针对耕地碎片现象，解决好连片整理的问题；针对单户流转现象，解决好整片流转的问题；针对主体多元现象，解决好集体主导的问题；针对诉求不一现象，解决好统一口径的问题；针对经营分散现象，

解决好组织生产的问题。**一是分得清确好权。**用好集体经营性建设用地、农户承包地、宅基地确权成果，召开村支"两委"会、党员组长会、"屋场"会统一思想，与农户深入沟通交流，明晰集体土地面积、集体资产数量和每家每户土地权属面积，并及时公布，让村民相互监督、心中有数。**二是合得拢入好股。**坚持因地制宜，组建"屋场"合作社，引导村民以确权土地和闲置资源资产入股，村民根据土地权属面积确定各自的股权份额，形成土地适度规模经营，将土地整体流转给村集体经济组织，由村集体整合助农资金，根据市场经营主体实际需要，整理碎片化土地，完善农用设施，打破村组、田埂隔阂，将"小丘变大丘"，将"屋场"合作社形成的适度规模资源资产变成具有增值力的资源资产。如蛇形山镇姚桥村山枣"屋场"原来有200多块丘田，高低错落，村集体经济组织整合助农资金，硬化村组公路，修整水渠山塘，把200多块小丘田地平整成100亩大丘田地，把田埂升级为机耕道，为发展适度规模经营奠定了良好基础。**三是流得出分好红。**村集体经济组织将整理过的成片土地流转给市场经营主体，市场经营主体带着资金、技术和团队"拎包入驻"，形成"村集体经济组织＋'屋场'合作社＋市场经营主体"聚合发展的新格局。在"二次土地流转"中，村集体经济组织利用土地

蛇形山镇秋湖村先锋"屋场"合作社种植的辣椒喜获大丰收

整理后的增值效应获得红利，增加了集体经济收入；村民获得土地租金保底收入、入股分红收入和基地务工收入；市场经营主体避免了与千家万户签订合同的弊端，有稳定的预期，可以轻装上阵、放心投资，有利于长远发展。

水洞底镇石脚村小山坪"屋场"全景

娄星区通过全面推行以"屋场"为基本单元的乡村治理模式，把党建触角延伸到屋场，让党员走近群众身边，激发了干事创业、争先创优的动力。2022年成功被列入全国乡村振兴示范创建县。这一治理模式取得突出成效的原因如下：**一是坚持党建引领，把党的领导贯穿乡村治理各方面、全过程**。充分发挥农村基层党组织战斗堡垒作用，引领基层党员干部干在前、走在前，团结带领农民群众听党话、感党恩、跟党走。**二是坚持群众路线，充分发挥群众主体作用**。要善于发动群众、依靠群众，实现自治、法治、德治"三治"融合，避免"干部干、群众看"等现象。**三是坚持改革创新，推动乡村产业持续健康发展**。乡村产业发展要植根于乡村，但更需要面向市场，必须创新产业投入模式和利益分享机制，以更多"看得见、摸得着"的发展红利让农民群众共享发展成果，形成企业发展、产业兴旺、农民富裕的生动局面。

以"党建＋网格化＋数字化"提升乡村治理效能

编者按：覃塘区深入实施党建引领乡村治理数字赋能"红格善治工程"，创新实施"党建＋网格化＋数字化"乡村治理模式，全面激活社会治理"神经末梢"，形成联防联控联治的乡村治理合力，党员与群众参与乡村治理积极性明显增强，推动乡村治理效能不断提升，构筑党建引领乡村共建共治共享的乡村治理格局。

覃塘区位于广西壮族自治区贵港市西北部，总面积1 352平方千米，辖7个镇、2个乡、1个街道，有146个村（社区），778个屯，总人口61万。近年来，覃塘区在推进乡村治理方面遇到治理理念有待革新、合力不够凝聚、方式创新不足等问题急需突破。针对这些问题，覃塘区建强县、乡、村、屯党组织一贯到底的"动力主轴"，结合数字乡村建设，构建"党组织全域覆盖、党员主动回格、治理精细高效"的网格管理体系，有效提升了党建引领乡村治理整体效能，进而促进了平安覃塘和美乡村持续向好，群众获得感、幸福感、安全感不断提升。覃塘区先后入选"全国首批乡村治理体系建设试点县（区）""全国县域数字农业农村发展水平先进县""平安中国建设示范县"。

一、党建引领激活"红色引擎"，把稳乡村治理"方向盘"

覃塘区充分发挥党组织战斗堡垒作用和党员先锋模范作用，将党的政治优势、组织优势、群众工作优势转化为网格治理效能，激活乡村治理"红色引擎"。

一是创新"一组三会"协商自治制度。深化拓展"一组两会"协商自治机制运用，将"一组两会"（党小组、理事会、户主会）升格为"一组三会"（党小组、理事会、户主会、屯务监督会），通过党小组引导户主会和理事会开展村级事项民主协商，屯务监督会监督事项落实，覃塘区778个屯的网格员、村民小组长和"一组三会"互相融合，促进了村民自治，提高了精细化服务水平。

二是实施"红格善治"示范创建行动。加强网格党组织建设，坚持网格建到哪里，党组织就覆盖到哪里，按照"一中心七室八有"标准建设村级组织活动场所，推动党的组织和党的工作在各级网格中全面覆盖。打造1个镇级和1个屯级党建引领乡村治理数字赋能"红格善治"示范点，以点带面推动"党建＋网格化＋数字化"乡村治理模式运用。覃塘区目前正在稳步推进10个村级示范点和20个屯级示范点建设。

"三落实一线办"第二督导攻坚工作组到樟木镇调研

三是搭建"三落实一线办"平台。成立"三落实一线办"领导小组办公室，推动党员干部带头抓落实、善于抓落实、层层抓落实与"难点问题书记一线办"。办公室下设八大督导攻坚工作组，选调一批资历深、经验足的职级干部进驻乡镇（街道）一线，开展"督、导、攻"发现乡村治理典型、鞭策后进、提出建议相关工作，对乡村治理重点工作现场办公，有效激发治理"红色动能"。

二、网格管理激活"神经末梢"，瞄准乡村治理着力点

覃塘区建设"网中有格、格中有人、人在格上、事在格中、格事尽知、事在格了"的网格管理体系，构建党建引领乡村治理格局。

一是健全"两类四级"网格体系。建设综合网格与专属网格两类互补和"大、中、小、微"四级支撑的网格体系。综合网格按照乡镇（街道）、行政村（社区）、村民小组（小区）、楼栋（十户四联）划分，专属网格按照学校、医院、商圈市场、景区等相对自成一体的单位划分。四级网格按照人员

网格员开展"敲门行动"为群众登记问题事项

密度划分为"大、中、小、微"网格，覃塘区共划分大网格10个、中网格146个、小网格2 664个、微网格63个，选派网格党建指导员146名，选聘网格员2 137名，做优网格化服务管理工作。

二是实行"双报到"工作法。构建"党委领导、政府负责、网格管理、村民参与"的工作格局，依托"万名干部回故乡、助推群众建家乡"活动，组建以党支部为单元的红格先锋队，组织党员干部利用周末、节假日向单位和所在行政村（社区）"双报到"，并入网入格开展帮扶共建共治活动，为网格管理有效运转提供坚实支撑。覃塘区已组建2 664支红格先锋队，组织全区30名处级领导、159名科级领导包联乡、村、屯，56个区直部门包联52个城市社区小网格。

三是创建"平战转换"机制。"平时"红格先锋队做好掌握情况、宣讲政策、密切联系、为民服务、建言献策等5项工作；"战时"在遇到防汛减灾、森林防灭火、信访维稳等突发事件时，通过执行"呼叫—集结—调度—支援"4个步骤，红格先锋队带领干部职工、党员、群众"人人入格"迅速进入"战时"状态，发挥全员参与乡村治理优势。

三、数字赋能打造"便民通道"，提升乡村治理时效性

覃塘区2022年建成广西壮族自治区首个县级数智乡村建设管理云平台——覃塘区数智乡村管理云平台，平台开发"随手拍""群众监督""积分制度""政务服务"等智慧应用场景，实现乡村治理线上线下双轮驱动。

一是"随手拍"鼓励群众"云监督"。群众通过"随手拍"智慧应用场景将矛盾纠纷、紧急事件、咨询求助等问题上传，平台将问题分类分级后精准地向政府职能部门派单。覃塘区将"随手拍"与"群众监督"两个智慧应用场景相融合，对"随手拍"问题实行限时全周期办理。群众将问题事项通过"随手拍"上传后可继续通过"群众监督"应用场景跟踪该事项的办理情况。"随手拍"与线下办理相比较，每个问题平均可缩短2～3天时间，工单回复好评率超98%，乡村治理问题处置效率得到了有效提升。

覃塘区数智乡村管理云平台综合调度中心可实时掌握事项办理情况

二是"荷美集品"推动积分"云兑换"。将"荷美集品"和"积分制度"智慧应用场景融会贯通，建立线上"积分制度"智慧应用场景与线下积分监督管理委员会协同管理的工作机制，建立积分档案制度，实现"一户一档"精细化管理。村民线上申报积分，经过积分监督管理委员会审核通过后再到"荷美集品"积分兑换专区线上兑换物品。同时积分监督管理委员会可通过"覃塘区数智乡村管理云平台"后台数据进行统计分析，掌握村民参与村务工作的情况，对累计积分较少的项目类别加强宣传，引导群众参与乡村治理。

三是"政务服务"实现事项"云办理"。依托"覃塘区数智乡村管理云平台"政务服务、医疗服务、就业服务、金融服务等智慧应用场景，在中小网格设置"乡村数智角"，配备自助查询机和业务自助办理设备。自助查询机具有查询政策文件、便民服务和参保信息等功能；业务自助办理设备附带打印、扫描、视频连线功能，网格员通过远程视频导办，实现全流程线上业务服务。政务服务相关事项可网办率为100％，"最多跑一次"事项比例为100％，为居民提供安全、高效、便捷的智慧化服务。

云南省临沧市临翔区
"六微"同创文明生活新风尚

编者按：临翔区围绕"绿美云南、醉美临沧、花园临翔"的目标定位，创新推行以"微网格""微讲堂""微治理""微服务""微积分""微庭院"为主要内容的"六微"同创模式，有效促进人居环境提升，创新基层社会治理模式。临翔区被评为"中国恒春之都"，获"中国最佳国际休闲旅游目的地""中国人文生态旅游基地""中国最美乡村旅游目的地"等荣誉称号，被授予"云南省民族团结进步模范集体"称号。

临翔区位于云南省西南部，是临沧市委、市政府所在地，历史上称缅宁，1954年7月更名为临沧县，国务院于2003年12月26日批准撤销临沧县设立临翔区，辖7个乡、1个镇、2个街道，有105个村（社区），人口37.1万人，面积2 652平方千米，山区面积占97%，有林地264.1万亩，耕地34.3万亩。有傣、彝、拉祜等23个少数民族，少数民族人口8.12万人，占总人口的21.9%，其中世居民族11个。2022年临翔区完成地区生产总值200.06亿元，农村常住居民人均可支配收入15 292元。临翔区有"中国象脚鼓文化之乡""中国碗窑土陶文化之乡"之誉。

近年来，临翔区委、区政府认真贯彻落实习近平新时代中国特色社会主义思想，以党建为引领的乡村治理体系不断完善、治理能力不断提升。针对农村环境脏乱、治安混乱、基础设施不配套等突出问题，围绕"绿美云南、醉美临沧、花园临翔"的目标定位，积极探索"六微"同创模式：搭建"微网格"，兜起民生大小事；开设"微讲堂"，转变思想提素质；开展"微治

美丽宜居庭院一角

理"，分类施策解难题；推行"微服务"，真情关爱暖民心；汇集"微积分"，激发动力齐参与；创建"微庭院"，绿美家园共同建。促进人居环境提升，创新乡村治理，取得了较好的成效。

一、搭建"微网格"，兜起民生大小事

结合持续推进基层党组织体系网引领社会治理体系网融合成"一张大网"工作，健全完善党组织领导下的五级网格治理体系，以"乡镇（街道）党（工）委，大中专院校党组织，中央、省属驻临单位党组织"为单位划分一级网格39个，以"行政村（社区）党总支，有独立办公区域或住宿区（集资房）的市（区）党政机关和事业单位、大型国有企业、大型民营企业党组织"为单位划分二级网格305个，以"村（居）民小组党支部、城市居民小区党支

部"为单位划分三级网格509个，以"村（居）民聚居点党小组、城市居民小区楼栋单元党小组"为单位划分四级网格1 920个，按照"五户联防、十户联保"的标准划分五级网格9 756个，开列"十二包保"责任清单，把政策宣传、信息收集、服务群众、矛盾调处等责任明确到网格，让每个网格都有党组织和党员领导基层治理。按照"群众报事、网格议事、分级办事"模式，建立网格院坝议事机制，保证群众"话有地方说、事有地方办、困难有人帮、问题有人管"。2023年以来，五级网格快速收集并化解安全隐患、环境卫生、矛盾纠纷等民情诉求800余件，实现小事不出村、大事不出镇、矛盾不上交。

二、开设"微讲堂"，转变思想提素质

整合网格村民小组活动场所、党群服务站点、新时代文明实践站等阵地资源，将在职党员、乡土讲师等纳入师资库，开展思想引领、道德教化、政策辅导、技能培训。用群众喜闻乐见的方式，及时把习近平新时代中国特色社会主义思想、党的二十大精神送到群众家门口。分期分批组织开展法律知

在职党员、乡土讲师等在村中开展"微讲堂"

识、就业、移风易俗等专题培训，通过身边人讲身边事、说身边理，明礼知耻、崇德向善的社会风气更加浓厚，丰富了乡村精神文化生活，教育引导全区农村广大干部群众"听党话、感党恩、跟党走"。

三、开展"微治理"，分类施策解难题

围绕破解高额彩礼、人情攀比、厚葬薄养、铺张浪费等陈规陋习及"厕所革命"、垃圾整治、生活污水治理等重点领域的突出问题，组织群众共同研究修订村规民约，将遏制婚丧大操大办、薄养厚葬、高额彩礼及农村人居环境整治等内容纳入村规民约，采取互联网推文、印制宣传资料、召开群众会等多种形式加强宣传教育，加强对不文明行为的监督引导。积极整合调动挂钩帮扶单位资源力量，广泛发动群众参与村庄清洁行动提升，提升公共区域风貌品质，开展绿美村庄建设。严格执行"周五全域洁净日"制度，发动群众自觉参与公共卫生维护。广大群众的"主人翁"意识进一步增强，参与乡村治理的热情在"扮靓家园"行动中得到进一步激活。

四、推行"微服务"，真情关爱暖民心

立足畅通群众参与公共事务的渠道，结合建立"小网格院坝议事"机制，组建由村（社区）"两委"成员、"两代表一委员"、网格长、党员骨干、群众代表等组成的网格协商议事队伍，按照"民事民说、民事民议、民事民办"的原则，把美丽家园建设的实事、影响和谐稳定的难事、惠民利民便民的好事纳入议事范围，规范诉求申报、诉求受理、承办反馈、跟踪回访、台账记录等处理流程，保证群众"话有地方说、事有地方办、困难有人帮、问题有人管"。网格长（员）常态化进村入户开展地质灾害知识宣传，巡查灾害隐患点，转移风险点群众，提高群众的防汛意识和自救自护能力。同时，结合"党员亮身份、公开亮承诺、设岗定职责"工作，因地制宜组建负责治保调解、应急处突、帮扶助困等工作的志愿服务队伍，在三级、四级、五级网格员中选聘德高望重的村民代表作为"调解医生"，化解社会矛盾。建立

"小课堂帮民增智增趣"机制，常态化开展时事政策学习、法律法规宣讲、节庆文娱活动。

五、汇集"微积分"，激发动力齐参与

推行党群积分管理机制，结合无职党员设岗定责，广泛开展"党员亮身份、公开亮承诺、设岗定职责"行动，将党员、群众推进自家庭院提升和参与村庄环境提升等情况纳入积分管理体系，采取建立"积分兑换超市"，以积分兑换物品奖励等方式激发群众遵守村规民约及参与积分管理的内生动力。临翔区共有89个行政村、646个自然村建立了积分管理制度，建立了以户为单位的"微积分"台账，村党组织牵头建设"红色超市"9个，采取以表现换积分、以积分换收益、年度得分靠前发放荣誉证书等方式，引导群众通过积分改善习惯、通过勤劳改变生活，有效激发了群众参与乡村治理的积极性、主动性。

六、创建"微庭院"，绿美家园共同建

将"绿美庭院"创建作为调动群众参与绿美乡村共建的重要载体，充分发挥党员先锋模范作用，引导党员带头在打造"绿美庭院"、发展"绿美经

志愿服务队上门为独居老人清理庭院

济"上出点子、找路子，鼓励和引导农户以自家庭院及其周边闲置用地为基地、以市场需求为导向，打造有花、有果、有树、有菜的"四有庭院"，广泛开展"美丽庭院"评比活动，进一步激发了比、学、赶、超的创建热情。提升人居环境，潜移默化地带动了文明新风的养成、乡村环境的好转。临翔区探索在凤翔街道石房村细嘎组、博尚镇碗窑村、蚂蚁堆乡蚂蚁堆村龙洞组等地开发了露天餐吧、特色民宿、拉祜民族射艺竞技等乡村新业态，在忙畔街道青华社区的忙岗自然村开发了一批私厨小院、共享茶室、花卉销售庭院。越来越多的乡村推门见绿、开窗见花、抬头赏景、起步闻香，群众的获得感、幸福感、安全感显著增强。

上海市金山区金山卫镇
全要素赋能"微格治理"

编者按：金山卫镇坚持深化网格化党建工作机制，做深做实"网格工程"，探索"微格治理"工作法，全面实施全要素赋能"微格治理"五大行动，并从党建、数字、人才、制度4个维度持续赋能，使"微格"成为"民意直通车"的载体，在"实现善治金山卫"的道路上聚光发亮。

金山卫镇辖14个行政村、9个社区，户籍人口49 113人，外来流动人口38 778人，呈现农业占比高、居住较分散、人员流动大、人口老龄化等结构特征。为了提高乡村治理精细化和服务群众精准化水平，破解"管不到""管不好"的乡村治理难题，金山卫镇在全域内实践推广全要素赋能"微格治理"，推动"堡垒提升""片区引领""社区暖心""街区治理""社会动员"五大行动建设；从党建、数字、人才、制度4个维度，紧紧围绕"实现善治金山卫"目标，创新治理模式，重塑治理方式，重构治理体系。

一、党建引"线"，织就治理"微网格"

金山卫镇把党建全面赋能作为"定盘星"，推动"微格"党组织始终居于一线，发挥党组织的战斗堡垒作用。**组织覆盖到"格"**。各村（社区）均建立金字塔型的"村（社区）—网—格—埭（楼）—户"五级架构体系，由村（社区）干部担任子网格长，党小组长担任微网格长，党员骨干担任埭长，把党的基层组织体系和组织力嵌入每个小微单元，构建起覆盖全面的组织体系网络。金山卫镇23个村（社区）共建立519个"微格"。同时，推动"微格治理"向街区延伸，打破部门与区域壁垒，形成"1＋4＋18＋X"（1个街区党组织、4个街区自治组团、18条主要街区路段、X个散落商业网点）的立体化治理体系。

扫描二维码可进入"微格治理"智慧村居平台

阵地打造入"格"。把各级党群服务阵地打造成党建网格的主阵地，成为各级网格议事、活动的主要场所，推动各级网格实体化运作。在村级层面，围绕"一南一北"，成功打造两个村级党群服务中心——农建村初心馆党群服务中心、星火村党群服务中心。**服务功能进"格"**。在拓展阵地的同时，为"微格"配套健全的服务功能。比如，将医院、工会、妇联等多机构深度融进"微格"，实现"埭"有协商议事的固定场所，方便听取民情民意。

二、制度集成，筑牢治理"共同体"

金山卫镇把制度全效赋能作为"稳定器"，通过制度创新、集成、转化，推动治理流程再造。**把顶层设计做在前**。在全域范围内下发《金山卫镇全面推进全要素赋能"微格治理"工作的实施方案》，将前期试点中涌现的好经验、好做法不断发展完善，形成支撑"微格治理"的"一揽子"制度框。比如，在五级体系架构外搭建解决问题自下而上"一揽子向前推"和"贯彻要求自上而下一竿子插到底"这两条"主通道"，治理机制实现闭环管理。**把基层首创看得重**。把制度创新的重心落到最基层，通过"自己的事情自己干"，形成基层倒逼机制。比如，基于城中村难以管理的现实，将城中村物理围合后划分成一个个"微格"，实行一门、一闸的"小区式"管理。

三、人才入"格"，激活治理"动力源"

金山卫镇为专家学者颁发聘书

金山卫镇把人才全力赋能作为"动力源"，拢聚各类人才，不断为"微格"提供强大人才保障。**一方面，常态化网格队伍提质增能。**在培育子网格长"一岗全能"的基础上，提升"微格"人员的选配标准，使队伍能力再提高。将村（社区）"两委"班子、支部党员、条线干部、群众骨干等工作力量和志愿力量化整为零，分组配置到每个"微格"。围绕共情、引领、专业、协商"四大能力"提升，开展培训教育，推动"微格"队伍从业务"全岗通"向"治理通"转变。**另一方面，社会化网格力量引流注入。**深化"社会动员行动"，巩固拓展在职党员、社区能人等力量参与乡村治理，与"第一梯队"实现互相补位。推行乡村振兴规划师制度，聘请企业家、"五老"等带"智"入"格"，担任乡村振兴规划师，充分调动各方参与网格事务的积极性。

四、"云"端发力，构建数字"全图景"

金山卫镇把数字全域赋能作为"支撑极"，以治理数字化引领治理现代化。**系统打造智能网格"一平台"。**结合全要素赋能"微格治理"五大行动，建设高集成信息系统智慧平台，形成"一图看全景、一屏管全程"的管理运用模式，助力乡村治理从"高效处置一件事"向"高效处置一类事"转变。**全力打通智能网格"两端口"。**将前端数据与后端管理无缝衔接，不管是微网格员的手持设备，还是普通居民的手机，都可通过扫描二维码接入系统，进行数据互联。**拓展延伸智能网格"N场景"。**以实用、管用、爱用为导向，

网格员教村中老人学习运用手机端智慧平台

不断创新叠加潮汐车位共享、"门前三包"智慧管理、文明积分兑换等应用场景，形成立体化数字治理体系，切实增强城市可感知、可判断、快速反应的能力。

五、推动群众在"微格"内实现自身价值，提升治理能效

一是为组织发挥提供"具体抓手"，推动从"有形有位"到"有效有为"。通过实施"微格治理"工作法，推动各级网格党组织全面掌握最基层的情况，最大程度避免缺位、缺为现象。比如，以往居委会缺少抓实社区、业委会、物业的抓手。通过"智慧村居"平台全流程、全闭环管理，实现对物业和业委会的全程监督，遏制不作为现象。

二是为自治主体构建"制度载体"，推动从"被动参与"到"主动融入"。通过"干什么由'微格'定""怎么干由'微格'议""效果如何由'微格'评"，将全过程人民民主的理念潜移默化在最基层，推动群众在"微格"内实现自身价值，提升群众的归属感。比如，在村庄人居环境整治过程中，通过"微格"共同决策解决，寻找群众间的"最大公约数"，避免出现"治理—反弹—再治理"的现象。

金山卫镇"微格治理"智慧平台（街区治理）

三是为精细治理夯实"数字底座"，推动从"无为不治"到"无微不至"。通过数字治理，将原本"看不到"的地方变成了"看得清"的数据，将原本"不知道"的底数变成了"底数清"的账本。比如，村（社区）高空鹰眼通过大屏可以"一眼望穿"全区域，瞬间实现精准定位，为资源调度提供便利。村民通过扫描二维码、小程序等接入"智慧村居"平台，既可以及时反馈意见，也可以自助查询信息，让服务更加精准、全面，治理效能得到提升。

随着全要素赋能"微格治理"在金山卫大地上遍地开花，更多的"微格"成为"民意直通车"的载体，将"人民城市"理念深深地镌刻在全过程人民民主的实践中，在"实现善治金山卫"的道路上聚光发亮。

第三部分

创新务实管用乡村治理方式，提升治理效能

江苏省无锡市江阴市
"积"起治理千重浪
"分"享乡村和与美

> **编者按**：江阴市将积分制嵌入全国首批乡村治理体系建设试点，并延续至全国党建引领乡村治理试点中，将善治目标细化为更加明确、更可达成的具体积分内容，从"点上试"到"面上推"，从"面子靓"到"里子美"，从"软倡导"到"硬约束"，从"有得益"到"有权益"，有效推动乡村治理提质增效。

江阴市地处长江三角洲城市群几何中心，是长江下游自上海市溯江而上的第一个滨江港口城市，素有"江尾海头""锁航要塞"之称，辖10个镇、7个街道，共有191个行政村。2022年，江阴市村级总收入26.5亿元，村均收入1 035万元；农村居民人均可支配收入达44 993元，在江苏省范围内实现同类城市"二十三连冠"。随着物质条件的日益丰富，农民群众对美好生活和有力有效的治理更加充满向往与期待。近年来，为解决乡村治理内生动力不足的问题，江阴市大力推进积分制管理模式，全域超90%的行政村都已开展相关探索实践。通过积分制"润物细无声"的"催化"，江阴的乡村正由内而外地向和美乡村华丽蝶变。

一、积分管理有策略：推进从"点上试"到"面上推"

积分制的推广与应用是顶层设计与基层探索良性互动的生动样本，江阴

璜土镇璜土村在实施积分制管理后村庄面貌逐步焕新

市在工作推进中充分尊重农民意愿，注重方法策略，确保社会支持、百姓满意、操作可行。**一是系统推进，释放乘数效应。**紧扣乡村治理"三治融合"，坚持大局观念，运用系统思维，将积分制嵌入全国乡村治理体系建设和全国党建引领乡村治理试点中。印发《江阴市乡村治理积分制管理工作指导意见》，并充分发挥该文件在考核中的"指挥棒"作用，将积分制作为乡村治理工作的一部分纳入对镇（街道）的考核，实现工作效能和试点效应双提升。**二是高效互动，实现虚实转换。**"面子"是乡村德治的重要支点，通过积分制的正向引导，赋予村民更符合现代文明乡风和治理需求的"新面子"，实现了道德约束的虚实转化。同时，积分制作为一套完整的方法策略，将善治目标细化为符合当地实际、更加明确、更可达成的具体条目，实现了治理有效概念的虚实转化。**三是试点扩面，形成良性循环。**按照"试点先行、典型带路、因地制宜、逐步推广"的原则，通过学习、调研、试点、再扩面，层层递进、逐步推广，同时积极选树典型，充分利用新媒体手段扩大影响力，江阴市积分制相关案例获省级以上媒体多频次、多角度报道推介。

二、积分内容定航向：乡村从"面子靓"到"里子美"

江阴市紧扣乡村治理重点难点，直击农民群众最关心、最迫切的问题，通过积分制树立起正确的"风向标"。**一是聚焦乡村"塑形"。**为推动全域农、文、旅发展，2021年，顾山镇搭建起由镇人居办、行政村、村民小组、网格员四级联动的积分制管理体系，投入约300万元对13个行政村全覆盖实施积分制数字化管理，通过量化考核和积分兑换，充分调动群众参与环境整治和长效管护的主动性和积极性，推动农村人居环境由"村里事"变"家家事"。**二是聚焦乡村"铸魂"。**积分制在推进乡风文明上也卓有成效，如周庄镇金湾村积分内容涵盖志愿公益、孝老爱亲、移风易俗等多个方面，让村里的大小事务有"镜子"可照、有"标杆"可比，在"抬头不见低头见"的

月城镇"蜂享家"吸纳22名兼职动态网格员并实施积分制管理

村宅中，家家户户都努力争取获得更多积分，有效促进文明乡风、良好家风、淳朴民风。**三是聚焦乡村"赋能"。** 积分制对积极引导村级产业发展也有"妙招"。月城镇戴庄村作为江阴市首批积分制试点村，打造了"嘉积分践行动"品牌，设立"优美环境奖"和"文明乡风奖"两大奖项及加分项"引领风尚奖"。通过正面引导，引领和带动水芹种植户积极参与百年水芹产业的复兴，村内的"花塘水芹"农业产业园规模日趋壮大，水芹种植面积近千亩，年产量超4 500吨，销售收入超3 000万元，有效促进产业发展、农民增收。

三、积分方式创新意：治理从"软倡导"到"硬约束"

江阴市针对乡村多元事项、多元主体，在市级指导下，镇、村两级因地制宜设计积分制管理模式，守顶层设计之正，创基层实践之新。**一是"月月考"让乡亲们"出出汗"。** 璜土镇璜土村采用"月月一张榜"方式，由自然村包村干部每月对联户包干区域进行现场考核打分，月月定期出分，月月张榜公示，让先进"出出镜"，让后进"出出汗"，充分激发村民自治活力，先后获评"全国文明村""全国美丽乡村建设示范村"等国家级荣誉10余项。**二是"在线考"让乡亲们"较较真"。** 周庄镇宗言村开发"魅力宗言"数字乡村平台，同步加载积分制模块，村民每人每年的300分基础积分与村民福利挂钩，好人好事加分，不文明行为扣分，积分制实施后的第一周，宗言村就清理垃圾400吨，95%的卫生死角得以解决，"村在景中驻、人在画中游"的魅力乡村蓝图逐步成为现实。**三是"分组考"让乡亲们"提提劲"。** 徐霞客镇方园村总面积6.82平方千米，含20个自然村、2个安置小区、4个商品小区，为解决面积大、范围广、人口多、管理难的问题，村里开发出"方园e家"乡村振兴平台，村民通过参与人居环境整治及行为监督赚取积分、参与分红；各自然村再以村组为单位进行自然村积分考核，用于评优评先。将个体与集体关联后，村民们更努力地规范自身行为，谁也不愿成为"吊车尾"或是"拖后腿"的那个人。

工作人员给村民房前屋后的卫生环境进行积分制打分

四、积分运用聚人气：乡亲从"有得益"到"有权益"

江阴市以"农民满意"为尺，向"农民满意"而行，持续提升群众参与感、获得感、幸福感。**一是群众得益实打实**。部分村积分超市发放米面粮油、洗护用品等经济实用的物资类奖品，深受"386199"人群的喜爱。有的村通过线上商户和线下超市进行积分兑换，户均年奖励最多可达500元。**二是群众收益有盼头**。经济实力较强的村如宗言村在充分征求村民意愿的前提下，将积分制与股份分红挂钩，细化相关积分量化标准，增强了制度的可操作性、可复制性。2022年，宗言村村级收入达3 502万元，股份合作社分红达280万元。**三是群众权益很丰富**。部分村结合实际，将积分与评优评先挂钩；有的镇（街道）拿出部分公办小学、公办幼儿园的空余学位，鼓励百姓按照规定持续参与文明实践赚取积分来兑换学位，起到了良好的示范引领效应。月城镇制定新业态新就业群体参与基层治理积分细则，吸纳外卖员、货车司机等作为兼职网格员参与乡村治理，通过积分制进行管理并推出激励措施，立足"蜂享家"活动阵地提供全方位服务，实现他们从"被动参与"到"主动融入"、从"服务对象"到"治理力量"的高效转变。

浙江省绍兴市诸暨市

创新"三事分议"议事协商机制
打造"枫桥式"基层治理新模式

编者按：诸暨市坚持发展新时代"枫桥经验"，切实贯彻落实党的群众路线，坚持农民主体地位，创新推行村社重大事务、日常事务、应急事务"三事分议"制度，创新自治方式，落实村务公开，拓宽群众参与乡村治理的渠道，确保"小事不出村、大事不出镇、矛盾不上交"，有效解决了因重大事项议事决策不规范、日常琐事回应不到位、突发事件处置不及时而引发矛盾的问题。

诸暨市位于浙江省中北部，市域面积2 311平方千米，辖23个乡镇（街道），户籍人口108万人，常住人口约121万，是"枫桥经验"发源地。近年来，诸暨市在总结该市枫桥镇枫源村连续18年"零上访、零刑事案件、零干部违纪违法"案例的基础上，紧抓枫桥镇枫源村全国村级议事协商创新实验试点机遇，持续深化党组织引领下的基层民主自治，创新"三事分议"机制，完善基层民主协商制度，推动民事民议、民事民办、民事民管，形成共谋、共建、共治、共评、共享的乡村治理新风貌。"三事分议"制度已在诸暨市460个行政村（社区）得到推广。

一、聚焦"怎么议"，开展"三事分议"

大事小事"干部说了算、群众靠边站"容易引发基层矛盾，诸暨市构建村级事务规范化标准化处理流程，重大事项"三上三下三公开"、日常事务"问议办评"、应急事务"即时即议"，变"关起门来议事"为"群众当家主事"，因事定则、分事运作，确保议得准、议得透、议得好。

　　一是重大事项"三上三下三公开"。针对村集体经济发展、村庄规划建设等8类涉及群众利益的重大事项，实行"三上三下三公开"机制，即在村级重大事项收集议题环节"群众意见上、干部征求下"，在酝酿方案环节"初步方案上、民主恳谈下"，在审议决策环节"党员审议上、代表决策下"，实现重大事项的表决结果当场公开、实施方案及时公开、实施进度和满意度测评情况及时公开。2022年，通过"三上三下三公开"议事协商程序，诸暨市新建成"爱心食堂"131家，服务对象覆盖279个村（社区）的9 000余名老人；暨阳街道黄澎湖公墓二期建设工程、店口镇杨梅桥社区道路提升改造工程、山下湖镇枫江村绿色农田建设项目等一大批民生工程顺利推进，受访群众满意度达96.8%。

网格员上门走访征求意见

二是日常事务"问议办评"。针对涉及人数较少、程序较简的日常事务，采用定期问事、开放议事、规范办事、民主评事的"四事"工作法，每月固定召开村"两委"干部和网格员联席会议，共商共议身边事，充分发挥基层群众自治组织自治功能，全面践行"小事不出村、大事不出镇、矛盾不上交"的新时代"枫桥经验"，依托人民调解、司法调解、行政调解有效衔接的"三调联动"多元化解工作机制，将不稳定因素遏制于未发、解决于萌芽。

三是应急事务"即时即议"。针对自然灾害、事故灾难、公共卫生事件等突发事项，创新探索"政务110"镇、村联动机制，村"两委"第一时间向属地镇（街道）报备后，及时组织村监委会成员、村民代表、在村党员商议，做到议、决、处"三及时"，处置结果向全体村民公开。2022年8月，因连续强降雨，枫溪江堤坝出现局部塌方，修复费用预计超过5万元，若按常规流程走"三上三下三公开"程序，村民的生命财产安全将面临更大威胁。村"两委"向镇党委请示后，按照"即时即议"程序开展民主协商，最终塌方险情在15天内彻底解除。

"三事分议"议事协商机制登上"浙江省新时代枫桥式工作法"宣讲现场

二、聚焦"在哪议"，建强"三个阵地"

围绕拓宽基层民主协商渠道，扎实推进基层民主协商阵地建设，将党员大会、村（居）民议事会（理事会）、村（居）民论坛、妇女之家等各类村级议事协商平台成功打造成为村（社区）干群的信息集散地、问题协商地、困难帮扶地、矛盾化解地、信任增强地和情感融合地，确保群众"有地说事、有效协商、有感参与"。

一是做大线下"主阵地"。整合村（社区）党群服务中心、文化礼堂、社会治理站等现有资源，打造扩展"村民议事厅""民主恳谈室""议事长廊"等村级议事协商平台，为议事提供场地保障。全市拥有各类议事协商场所581个，总面积16.69万平方米。

二是做强数字"云平台"。利用"浙里兴村治社""城市枫桥"等数字化场景，打通与村（社区）网格、线下村级议事平台的连接渠道，实现网格即时感知、情况即时上报、问题即时协商处理，努力做到"问题不过夜"。2022年，通过"浙里兴村治社"应用，全市流转处理村级事项21.2万件，完成率达98.2%。

三是做优专业"大联盟"。对村（居）民普遍关注的涉法涉诉、经济金融等方面专业性强的协商事项，常态开展"协商在一线"活动，借助村级

诸暨市枫桥镇枫源村召开民主恳谈会讨论水系连通项目

"共享法庭"和公安、金融、税务等共建力量，现场答疑解惑，为议事结果扣上"保险丝"。推行"三事分议"制度以来，诸暨市累计开展活动3 500余场（次），提供咨询服务27.5万次，联动处理各类事项2.8万件。

三、聚焦"议得好"，落实"三项责任"

坚持上下联动、内外协同、人人有责、人人尽责。强化事前调研、事中规范、事后公开，构建完善信息收集、问题发现、任务分办、协商处置、结果反馈的闭环机制，动态掌握群众诉求关切，努力在"三事分议"中取得公共利益及各方利益的"最大公约数"，真正发挥"三事分议"议事协商机制在解决矛盾纠纷过程中"过滤器""消化池"作用。

一是明确多元主体责任。全面推行基层党组织领导下的"1＋7＋X"协商主体模式（"1"指村"两委"主要负责人；"7"指村"两委"成员、村监委会成员、村民代表、各级"两代表一委员"、社会组织代表、辖区单位经济组织代表、能人代表；"X"指非本村涉事的利益相关方代表），在议事过程中重视吸纳多方意见，拓宽协商参与面，提高议事精准度，实现群众从"出卷命题"到"阅卷打分"的全过程参与，让所议问题、所做决定合法合规又"合身"。

二是明确四级联动责任。将基层议事协商与市级机关干部到户籍地"返乡走亲"、党员干部到所居住村（社区）"亮旗服务"等工作相结合，通过部门包联、干部入驻等方式，联动村（社区）、网格对群众反映诉求实行分级办理，形成"网格—村（社区）—镇（街道）—市级部门"四级问题交办机制，在议深、议透问题中减少矛盾纠纷发生。

三是明确监督问效责任。完善议事监督机制，推进村级权力规范运行。将矛盾预防化解情况作为村"两委"干部年终考评的重要内容，构建"村级监察工作联络站专业监督＋清廉建设顾问团义务监督＋群众日常监督"监督矩阵，实现跟踪督办到位、公开公示到位、代表签字到位、档案归集到位。

山东省聊城市东昌府区

以"三信一体"构建"三共贯通"乡村治理新格局

编者按： 2021年以来，东昌府区坚持党建引领，结合农业农村部乡村治理改革项目，有序推进乡村信用体系建设，探索了"信用""信义""信易""三信一体"乡村治理新路径，构建了共建、共治、共享"三共贯通"乡村治理新格局，取得了明显成效。

东昌府区位于鲁西，东临黄河，辖9个镇、5个街道，面积947平方千米。近年来，为破解村级事务"干部干、群众看"的问题，东昌府区以"信用＋美丽乡村"为切入点，对农村生产生活中的各类行为进行积分量化，并创新多种群众喜闻乐见的激励方式，探索运用信息化手段提升治理效能，成功构建农村社会信用体系，全面激发了乡村治理新活力。

一、完善"信用"评价，筑牢乡村共建根基

健全组织体系。 区级成立社会信用体系建设领导专班，镇（街道）成立信用体系建设领导小组，各村（社区）通过选举产生信用议事会，负责信息审核、认定和评分，同时选配村级信息管理员、采集员1 500余人，在基层党组织的领导下负责信息的采集与上报工作，从而自上而下建立了专班、领导小组、信用议事会、管理员和采集员四级联动工作机制。

完善评价体系。 制定《聊城市东昌府区"信用＋美丽乡村"积分评价

办法》，细致梳理村庄建设、产业发展、美丽庭院创建等乡村治理领域内容，列出185种具体行为清单并量化赋分，通过加减分予以正向激励和反向约束。同时将党员义务履行情况列入评价体系，对党员、干部提出更高的要求，纳入年度党建目标考核，实现"信用＋美丽乡村"治理与党建工作有机融合。制定"信用管理办法—广泛宣传发动—村民积极参与—信用信息采集—积分认定公示—积分兑换应用"工作流程，建立起公开、公平、公正的信用评价体系。

东昌府区侯营镇苏庄村公布"信用＋美丽乡村"失信减分指标

建立约束体系。将个人行为与家庭信用挂钩，根据家庭成员平均信用积分相应评出五星到零星6个不同等次，对不同分值和星级的村民实行分类服务管理。在此基础上，以家庭为单位，生成专属二维码名片并通过村务公开栏公开，村民通过手机扫描二维码可即时了解最新信用积分和星级。创新积分兑换直播带货服务、团购优惠券，颁发"好婆婆""好媳妇"荣誉等激励方式，极大地调动了群众参与的积极性，充分利用舆论力量增强信用积分约束力。

二、打造"信义"品牌，注入乡村共治动能

厚植信义底蕴。东昌府区在"信用＋美丽乡村"取得显著成效的基础上，以"美德信用＋"为抓手，创新性地将慈善捐助、见义勇为、助人为乐、志愿服务等良好道德行为纳入社会信用评价体系，拓宽信用评价范围，秉承"约束自我、提升自我、奉献社会、服务他人"的价值理念，构建起"覆盖各村（社区）、融入各行业、全民共参与"的信用评价格局，着力打造"信义东昌府"品牌。在全域率先成立区委直属的社会信用服务中心，充分利用"信用＋美丽乡村"组织机构，牵头推进全域社会信义体系建设各项工作。先后出台了《东昌府区社会成员信义管理办法》《东昌府区关于统筹推进美德和信用建设融合发展的实施方案》等文件，搭建起美德信用融合的"四梁八柱"。

搭建信义平台。建立健全区信义信息平台，打造覆盖全区42.1万余名基

东昌府区信义管理平台

层群众、2 041家农业新型经营主体的信义积分数据库，设置信息录入、积分审核、联合奖惩、工作考核等多个功能模块，动态归集信义积分信息，为每个群众及农村新型经营主体生成唯一的诚信二维码，同步上线网站、小程序、信用报告查询一体机"三位一体"信息服务体系，实时查询信义积分和信用等级，实现了与市级公共信用信息平台数据互联互通、实时共享。截至2023年10月底，区级管理平台数据归集总量达到360万余条。

倡树信义之风。将"信用＋美丽乡村"拓展为"信义＋乡村振兴"，着眼以德润人、以信成事，通过树立德信目标，让有德者有"厚得"，让诚信者有"福至"。东昌府区220个行政新村（社区）均组建了"信义＋"志愿服务队伍，定期开展各类志愿服务活动，助力农村人居环境整治、美丽乡村建设、新时代文明实践等工作。截至2023年10月底，东昌府区开展信义志愿服务活动3.1万余次，有效激活了群众自我管理、自我服务的内生动力。同时，归集150余个部门单位的奖惩、表彰奖励、捐款捐物、社会公益等信息，让"美德信用＋"从虚拟变成现实，渗透到百姓生活方方面面。

东昌府区道口铺街道对评出的信义之星进行信用贷款授信

三、创设"信易+"场景，提升乡村共享成效

探索"信易+"应用。 把信用的无形价值转变成有形价值，让守信的人在生活的方方面面更容易、更便利，才能引导、激励更多的人去守信。基于这一理念，东昌府区在市场监管、税务、金融、文旅、交通、医疗、行政审批等多部门共享积分信息，在乡村振兴、基层治理、政务服务、企业监管、城市管理这五大领域积极探索信义积分信息共享，打破"数据壁垒"和"信息孤岛"，通过统一的管理平台，实现跨行业、跨领域的"信易+"应用。

拓宽"信易+"范围。 为让群众更好地感受到信用让生活更美好的理念，东昌府区在推进美德信用融合发展的过程中，坚持"有德者有得"的正面激励原则，出台了"信易贷""信易批""信易行""信易购""信易游"等14类103项惠民便企激励政策，在贷款优惠、行政审批、交通出行、购物优惠、项目扶持等方面对积分等级高的个人和市场主体实施联合激励措施，使"信易+"在多个场景中兑现落实。联合企业商户组建"信义商户联盟"，创新打造"信义集市""流动信义超市""共享工具屋"等惠民场景，为信义积分高的居民提供积分兑换、购物打折、工具出借等服务，让"诚信是金"真正走进百姓生活。

共享"信易+"成果。 东昌府区"信易+"应用让守信的单位和个人在工作和生活中享受到了更多便利。东昌府区列入"红名单"企业2 561家，已有76家企业因"信易批"享受到容缺受理、容缺审批、全程帮办等便捷化服务。2023年上半年，东昌府区共对诚信企业和个人发放信用贷款4.33亿元。"信易+"让守信者处处受益、一路畅通，"信用让生活更美好"的理念进一步得到体现。

自创新探索"三信一体"的乡村治理路径以来，东昌府区极大地增强了基层党组织凝聚力，让群众真正成为信用赋能的参与者、受益者，有效提升了农民群众的幸福指数。东昌府区村级环卫保洁经费大幅下降，其中堂邑、侯营、闫寺、道口铺等乡镇（街道）用于农村人居环境整治的人工费基

东昌府区堂邑镇将部分集体果园划成小块，每块100平方米，奖励给年度信义积分较高的群众免费使用，所得果实归获奖者个人所有

本实现了零支出；社会矛盾大幅减少，2022年进京信访人数比2021年下降76.5%；敬老助老蔚然成风，弘扬大义、维护公义、恪守道义、争做公益的和谐社会氛围逐步形成。

湖北省黄石市大冶市
以"智"促"治"
以数字化提升乡村治理效能

编者按：大冶市主动迎接数字时代，不断推进政务服务资源下沉，加大农业农村数字化改造升级力度，以信息化、数字化、智能化方式提升乡村治理效能。通过建立"智慧安防"体系、"数字服务"机制、"网上监督"平台，打通乡村治安盲区多、群众办事难、监督渠道不畅等乡村治理堵点问题，不断提升农民群众的获得感、幸福感、安全感。

大冶市位于湖北省东南部，总面积1 566平方千米，常住人口87.12万，现辖10个乡（镇）、4个街道、1个国家级高新区、1个临空经济区和1个国有农场。近年来，该市为解决乡村治安盲区多、群众办事难、监督渠道不畅等乡村治理堵点问题，以创建全国乡村治理体系建设首批试点为契机，紧紧围绕"探索基层党组织领导下的自治、法治、德治、智治相结合的有效途径"这一试点方向，不断深化"党建引领·活力村庄"改革成果，以"美好环境与幸福生活共同缔造"活动为载体，推动"四治"融合，构建乡村数字化服务体系赋能乡村治理，全面提升乡村治理水平。

一、建立"智慧安防"体系，打造平安乡村

推进市、镇、村三级综治中心建设，建强乡村法治队伍，建立"智慧安防"体系，形成法治阵地、法治队伍、防控平台"三位一体"格局，夯实法

治乡村建设根基。

建设阵地化纠纷。整合政法、综治、信访、司法等资源力量，形成具有大冶特色的"1＋6＋N"乡镇（街道）综治中心，引入法律专业服务队伍进驻中心，有效解决过去"力量分散、协调不畅、人少事多、单打独斗"的局面。探索"网格＋综治"乡村治理新模式，融合村级的警务室、调解室、法律服务室、网格工作室、治安联防队伍等力量，确保第一时间发现、受理、介入、上报和处置矛盾纠纷，使纠纷得到有效化解。2022年以来，累计调解矛盾纠纷1 118件，涉及金额1 030万元，基本实现"矛盾不出村"的目标。

发挥法治固根本。依托司法所、村便民服务中心建成乡镇（街道）公共法律服务站14个、村公共法律服务室322个，"一村一法律顾问"实现全覆盖。从村干部、调解员、村民小组长、网格员等群体中遴选人员，深入推进"法律明白人"培养工程，全覆盖建立起一支引导群众学法、守法、用法的"法治带头人"队伍，为推进乡村振兴营造更加良好的法治环境。

立体防控保平安。提档升级"雪亮工程"、智慧小区、"数字乡村"等智

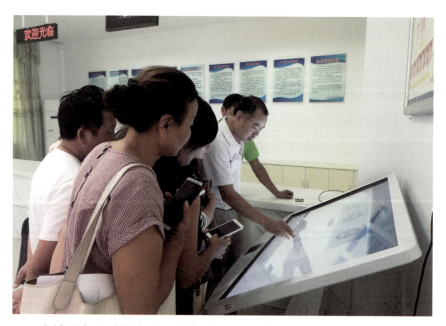

乡镇群众通过综治中心"互联网＋监督"平台一体机查看了解
民生资金发放及农村"三资"信息

治"平安网"，2 791个A类探头、1.2万余个B类摄像头覆盖332个行政村、3 000多个自然湾，建成"智慧安防"小区129个；按照"一村一辅警"要求配备驻村辅警322名，组建镇、村治安巡逻队395支共4 703人，发动群众组建"红袖章"义务治安队、"五老"平安志愿服务队，建立健全"空中有监控、路面有巡逻、村内有联防"的立体化乡村治安防控体系。2022年，大冶市治安案件发生率同比下降52.47%，治安案件破获率同比上升18%，人民群众获得感、幸福感、安全感显著提高。

二、建立"数字服务"机制，打造便民乡村

依托"互联网＋政务服务"，推动资源、服务、平台"三下沉"工作，实现事项就近办、智慧办，让群众少跑腿、好办事、办好事。

服务"零障碍"。一体推进平台升级、服务下沉、窗口集中，将第一批94项高频事项下沉到乡镇（街道）、村（社区）办理。同步推进14个乡镇

调查人员入户核实群众在"互联网＋监督"平台反映的民生资金发放问题

（街道）的综合窗口改革，从过去群众找多个部门转变为"一窗"办理，极大提升了办事效率，方便了办事群众，大冶市14个乡镇（街道）的便民服务中心综合事项进驻率达100%，实现"一站式服务""一门式办理"。

线下"零跑腿"。扎实推进大数据和网络中心建设，全覆盖升级改造全市14个乡镇（街道）383个村（社区）的电子政务外网，实现村（社区）单个终端可访问多部门业务平台，村（居）民在乡镇（街道）、村（社区）便民服务中心（站）设立的网办专区即可办理业务。同时，在湾组建设"政务小屋"，建立"基层治理单元＋政务服务帮办代办"制度，真正让群众不出

镇、不出村就能办好事、办成事，实现政务服务零距离。开发"综窗一事联办"业务协同平台，对接电子证照系统、大数据能力平台、电子签章系统，将电子印章应用到乡镇（街道）、村（社区），推动群众办事、部门审批全程电子化流转，大冶市已实现592家企业的申报资

向群众宣传"互联网＋监督"平台功能并指导操作方法

料、电子证照信息在"综窗一事联办"业务协同平台共享流转以及高龄补贴等高频事项电子化流转。推广使用"云帮办"平台，新生儿医保卡、计生证明等24项便民服务事项已实现帮办、代办。

线上"零距离"。 推动医保、社保、公积金等部门涉及的68项高频政务服务事项对接"鄂汇办"App，让群众办事更快捷、更高效。推行24小时"全天办"，24小时政务自助延伸至乡镇（街道）。搭建"民情通"统一诉求信息系统和综合指挥平台，整合12345热线、110指挥中心、12366税务热线等诉求渠道，实现了群众与企业反映的急难愁盼问题在一个平台处理。

三、建立"网上监督"平台，打造清廉乡村

依托"互联网＋监督"平台，探索运用"线上＋线下"提级监督模式，推进信息查询、公开公示、数据分析、违规预警、投诉举报等多项功能集成，营造风清气正的清廉氛围，为和谐乡村保驾护航。

公开监督护民权。 全面整合民生数据，公开197项民生政策文件、86项民生资金使用情况，共计383万条、18.02亿元，涉及47.8万人；公开村级财务收支数据15.4万条、固定资产信息1.18万条，以及镇、村两级工程项目信

大冶市"互联网+监督"平台入口

息2634条，村级资产资源信息1825条。群众可通过电脑、手机、电视、便民服务查询机等多种渠道获知相关信息，足不出户就可以对相关违规问题进行投诉举报，监督方便、快捷、精准、高效。自平台上线运行以来，累计受理群众网上投诉举报571件，办结回复562件，群众满意率100%。

公开核查提质效。通过数据比对，及时发现各种违规违纪问题，把过去的事后监督变成了事前监督、全过程监督，大大提高了监督质效。通过内网平台录入公职人员、村干部等人员的房产车辆、工商登记、社会保险信息等13项基础数据共145.24万条，每笔民生资金发放均进行比对核查，及时发现问题。平台通过比对发现问题线索共计4351条，查实问题线索1409条，清退资金72.93万元。

公开监察促清廉。严格分析研判需纳入监督的项目，对应扩展的数据、已查实问题的"病根"等，推进标本兼治，如针对退役军人优抚金违领问题，对相关单位工作流程、管理机制、原始审批档案等进行了调查分析，督促建立内部监督和动态管理机制，堵塞管理漏洞。通过建立并及时更新领导干部廉政档案，记录全市科级干部、重点岗位负责人、下属单位主要负责人以及村（社区）主职的房产、投资、经商办企业等主体的重要数据，为巡察工作提供关键数据参考，提高巡察质效，相关举措累计提供核查线索近220条。

广东省湛江市坡头区
挖掘"铺仔"潜力　提升治理效能

> **编者按**：湛江市的乡村小卖部俗称"铺仔"，往往位于村口大榕树下，是村民最喜欢的聚集场所。湛江市坡头区龙头镇莫村借助充满地域特色的"铺仔"文化建立村民议事机制，一改以往在村委会办公楼议事的严肃氛围，更接地气，更有利于村干部了解社情民意，提升村民的话语权。小小的"铺仔"成为村里"议事大厅"、志愿者服务站、文化休闲场所，涵养了乡风文明，提升了乡村治理效能。

莫村坐落在广东省湛江市坡头区龙头镇西南部，共有1 656户，人口6 493人，是坡头区青年人口比例较大的行政村之一。近年来，随着大量青壮年劳动力外流以及城镇化的不断推进，乡村原有的熟人社会和文化生态逐渐被打破，影响了村民参与乡村治理的能力、水平与热情，导致乡村治理面临困境。莫村发现村里几处小小的"铺仔"里蕴藏着柴米油盐酱醋茶的人情味，满载着浓厚的乡味与乡愁，于是积极探索并挖掘榕树下小小"铺仔"的"大动能"。

坡头区在莫村试点的基础上，充分利用散落在村里的"铺仔"，统一风格、升级打造"咱村铺仔"乡村治理平台，赋予"铺仔"政策宣讲、村民议事、文化休闲、暖心服务、文明积分超市等功能，成功地强化了乡村内部治理，加快推进乡村治理体系和治理能力现代化，让传统"铺仔"焕发现代治理生机。坡头区全区7个乡镇（街道）772个自然村共有"铺仔"758间，现正打造示范"铺仔"——"咱村铺仔"145间。

一、接地气，村民议事到"铺仔"

用"铺仔"宣传乡村"大政策"。坡头区利用"铺仔"的节点位置和人员聚集的优势，在"铺仔"设立公告栏，开好"政策解读直通车"，结合各村日常工作的重难点如征地拆迁、宅基地确权等，进行政策解读、现场答疑，通过家长里短的"小故事"传播乡村振兴的"大政策"，打通政策落地"最后一公里"。

坡头区委宣传部在龙头镇莫村"咱村铺仔"旁的榕树下开展政策宣讲

用"铺仔"凝聚村民话语权。一张桌、一壶茶，三五成群、促膝长谈，小小的"铺仔"，成为村里的"议事大厅"。村民们围绕本村公共环境、惠民工程、村民自治及近期关注的热点难点问题进行讨论，形成集体意见。村干部将群众提出的意见建议收集整理完毕后上报，并保持跟进、及时回复，确保"事事有人问、件件有回音"。"咱村铺仔"给予村民充足的话语权，既拓宽了村民表达意见的渠道，实现群众在家门口协商议事，又充分汇聚了民情民意民智，为基层工作提供了方向。

坡头区龙头镇莫村干部与村民在"咱村铺仔"前商议球场升级改造等事项

用"铺仔"化解村民"小矛盾"。"咱村铺仔"是化解邻里矛盾纠纷、构建和谐邻里关系的重要抓手。邻里之间有了小问题、小摩擦，走几步到"咱村铺仔"，围坐在一起反映诉求、说事讲理，经村里的"和事佬"一番劝解，把不愉快的事说开、把心结打开、把矛盾解开，真正做到"小事不出村"。接地气的村民议事方式构建起家庭和睦、邻里和谐的"防火墙"，进一步提升了群众的获得感、幸福感、安全感。

二、促振兴，发展窗口聚焦在"铺仔"

"咱村铺仔"成为产品展销的"窗口"。除了规范"咱村铺仔"日常生活用品销售，坡头区还倡导"咱村铺仔"开设本地农产品展销专区，由各村深度挖掘本土农特产品，建立并结合实际持续更新"一村一品"特色农产品目录，解决本地农产品销售渠道窄、优质不优价问题，增加农户收益。"咱村铺仔"不仅是"一村一品"的集聚地和销售站，更是对外展示本村农产品的"窗口"，有力推动了本土优质农产品品牌"出圈"。

坡头区南三镇田头村"咱村铺仔"内，各色商品琳琅满目

"咱村铺仔"成为政策解读的"窗口"。 每周二、周四晚上，由老干部、老党员、能人等组成的志愿宣讲队伍在莫村"咱村铺仔"旁的"榕树大讲堂"，用坡头话解读乡村振兴等"大政策"，用"小故事"阐释"大道理"，让村民"坐得住、愿意听、听得懂、记得住"。通过入心入脑的政策宣传，乡村振兴开始在乡土中扎根，村民也开始由"听"故事的人，转变为"创造"故事的人，极大地提高了村民参与乡村振兴的主动性和积极性，改变了"干部干、群众看"的局面。

"咱村铺仔"成为文化传播的"窗口"。 一间"铺仔"承包了一个村庄的日常生活消费需求，也承载着老百姓们的美好生活向往。闲暇时光，"咱村铺仔"也是村民身边的一个小小"文化站"。镇、村两级常常组织"文艺轻骑兵"、乡村文艺达人聚集到"咱村铺仔"，通过"文艺＋宣讲"的形式，将"讲"与"演"结合，以木偶戏、小品、三句半、相声、快板等群众喜闻乐见的文艺形式传播党的理论政策和正能量，重新激活乡土文化。

三、聚人心，温情服务在"铺仔"

"咱村铺仔"成为乡风变革的"试验区"。 为鼓励更多村民加入文明实践活动中来，坡头区在以往各镇村新时代文明实践所（站）开展的积分超市试点建设基础上，将积分超市延伸至自然村，进一步完善积分兑换制度，由专项经费或村集体资金支持，将积分兑换物品与"咱村铺仔"内的商品和特色农产品相结合，方便村民兑换到自己真正所需的物品，充分激发群众践行社会公德、参与乡村治理的积极性。村民凭积分到"咱村铺仔"兑换心仪物品，每10分可换价值1元的物品，兑换的小商品积分门槛低且实用，以此鼓励村民更加积极地参与到乡村的治理和建设中。

坡头区龙头镇莫村村民在"咱村铺仔"积分超市用积分兑换日用品

"咱村铺仔"成为互帮互助的"人气区"。 一杯热茶、一份乡情。小小"铺仔"，不仅蕴藏着柴米油盐酱醋茶的人情味，也满载着浓厚的家乡味。自打造"咱村铺仔"示范点以来，坡头区积极倡导"咱村铺仔"推进邻里互帮互助，提倡村民尊老爱幼、扶弱助困，文明乡风从这里传播开来，乡村传统美德得到继承和发扬，乡村凝聚力得到进一步加强。

"咱村铺仔"成为服务保障的"爱心区"。坡头区充分利用新时代文明实践所（站）志愿服务站就近优势，将志愿服务站服务保障延伸至"咱村铺仔"，志愿者、网格员等经常巡至"咱村铺仔"，为保洁员、外卖员、快递员等灵活就业群体提供贴心服务，让邻里更和谐，让乡村更添温情。

安徽省淮北市濉溪县临涣镇
"一杯茶"七步调解工作法

　　编者按：临涣镇以"践行'枫桥经验'、实现矛盾不上交"为目标，结合古镇茶馆文化，创新发展人民调解，探索出极具地域文化特色的"茶馆调解"模式，发展出"一杯茶"七步调解工作法，形成了一方"小茶馆"成就"大和谐"的良好局面。

　　临涣镇古称铚，又名古茶镇，是一座千年古镇，位于安徽省淮北市濉溪县中南部，镇域面积167.38平方千米，辖19个行政村，总人口9.8万人。近年来，临涣镇坚持以构建和谐社会为目标，以落实化解社会矛盾各项措施为抓手，以维护群众利益为落脚点，充分利用当地独具特色的"茶馆调解"文化，打造"茶馆调解"品牌，壮大"茶馆调解"队伍，推广"一杯茶"七步调解法，探索出乡村治理的"临涣经验"。

一、搭建平台，筑牢基层稳定"压舱石"

　　让利益诉求"有门"。 自古以来，临涣镇当地群众之间如果出现纠纷，他们大都习惯去茶馆找民间有声望的人士来说理，请茶客充当调解员，对事情进行评理。经过一番辨析，最后双方握手言和。临涣镇依托当地茶馆成立临涣镇茶馆调解委员会，建设推广茶馆调解室，覆盖所有茶馆，让百姓有固定的地点说事，畅通群众利益诉求渠道，方便化解矛盾纠纷，维护农村社会和谐稳定。

　　让全程服务"有为"。 临涣镇拓展"茶馆调解室"服务功能，设立"百姓说事点",为群众提供"零距离""全方位"服务。开设"调解微课堂",用编排歌曲、小品、情景剧等群众喜闻乐见的方式,把相关法律法规向党员群众讲清楚、说明白,扩大社会影响力。人民调解员和司法所工作人员利用8小时之外的时间,组织开展"调解夜话"活动,和群众讲政策、话民生、促和谐、拉家常,与百姓"零距离"沟通、面对面交流。

让解决纠纷"有效"。茶馆调解员以茶为媒,运用"一杯茶"七步调解工作法,结合法、理、情和当地的民俗习惯,在喝茶、聊天、说事中把法讲全、把理说透、把情谈深,通过当地百姓习以为常的方式化解纠纷,更能让百姓接受。同时,茶馆调解通过诉调对接、警调对接、访调对接、村调对接、法律服务对接,与诉前调解、警民联调、信访维稳、一组一会、法律服务等工作相结合,拓宽了矛盾纠纷化解渠道。

志愿调解员在茶馆内调解一起路权纠纷

二、完善举措,构建基层治理"助力器"

创新方式,提升引领力。临涣镇茶馆调解委员会通过对民俗文化的充分挖掘，聚揽"草根调解员"，吸纳"街长""百事通""茶博士""五老"等民间调解能手，坚持"有理进茶馆说"的文化传统，创立"一杯茶"七步调解工作法。第一步以茶暖人心：调解主持人陪当事人喝茶，先喝茶聊家常、问生活，建立平等关系，给予当事人亲切感、温暖感，平静心态，稳定当事人情绪；第二步以茶说人生：通过心理疏导，以理服人、以情感人，为调解成功奠定基础；第三步以茶述纠纷：倾听纠纷陈述，辨别事实真相，摸清当事人心理状态和个性特征，通过技巧性发问了解当事人深层次的需求，以求达到共情；第四步以茶找支点：通过讲事实、摆道理、明政策、寻法律，从中找准解决问题的支点；第五步以茶拆面子：中国人以面子为重，举事例作比喻，为面子争口气，假面子害死人，必须拆除这种观念，才能退一步，才能包容他人；第六步以茶置"梯子"：置"梯子"、拉距离、拟方案，注重换位思考，解决实质性问题，各退一步，让当事人互相给对方台阶，以求双方共同达到心理平衡；第七步以茶达协议：双方互敬一杯茶，体现互谅互解，争取形成书面协议，确保矛盾纠纷被成功化解。

临涣镇部分志愿调解员

数字赋能，提升保障力。加强"茶馆调解室"信息化、智能化建设，推动"一杯茶"七步调解工作法数字化升级，在完善人民调解大数据管理平台的基础上，推动"茶馆调解室"利用QQ、"法在身边"微信群以及司法行政专网进行在线视频调解。同时，搭接公共法律服务平台，建立说事远程视频系统，通过12348热线电话、网络平台等载体，做好数据采集和统计工作，为乡村治理提供有力保障。

党建引领，提升向心力。临涣镇依托"茶馆调解室"，发挥镇村党组织的"战斗堡垒"作用，定期安排村党支部党员或邀请其他党组织的代表与群众面对面交流，积极为群众排忧解难，消除村干部与村民之间的隔阂，拉近党群及干群关系。同时，打造"党群连心室""人大代表谈心室""政协委员连心室""妇女微家"等多元调解组织，累计收集社情民意1 000余条，形成议案、提案、调研报告等150余份。

三、健全机制，创新乡村治理"新模式"

建立多元协调机制，提炼一套方法。临涣镇健全完善"司调、公调、访调"联动机制，茶馆调解与镇派出所、司法所、综治中心分别建立双向互动对接机制、信息互通和调解协作机制，推行矛盾纠纷"一站式接收、一揽子

调解员、派出所民警调解一起治安纠纷

调处、全链条解决"的闭环运行模式，形成以人民调解为基础、部门联动多元力量参与的矛盾纠纷联调机制。矛盾纠纷联调机制建立以来，协同调处矛盾纠纷500多起，开展矛盾纠纷会商200多次。小小的古镇上，144个"连心茶室"实现全镇19个行政村全覆盖，林立的茶馆天蒙蒙亮便开门迎客，最多

时一天有近6 000人前来喝茶论事。临涣镇提炼出的"一杯茶"七步调解工作法逐渐成为化解当地基层矛盾纠纷的有效方法。

建立能力提升机制，锻造一支队伍。临涣镇邀请安徽省高级人民法院、安徽省司法厅、安徽省委讲师团等单位的专家学者，通过集中授课、座谈讨论、专题培训等方式，加强对人民调解员、村"两委"干部、选派干部、"三支一扶"人员等基层人员的业务培训。近年来，共举办"茶馆调解"专题培训讲座46期，培训人员1 400人次。临涣镇茶馆调解委员会由创始时的7人发展到55人，拥有调解志愿者团队4个，扶持了王士宏"老茶馆"等民间调解组织，培育了众多民间调解能手，锻造出"提壶调解纠纷、喝茶化解矛盾"的金牌调解团队鲜明标识。

临涣镇召开志愿调解员工作交流会议

建立监督评议机制，打造一个品牌。临涣镇设立便民热线电话、群众投诉箱、意见反馈簿拓展监督渠道，组织人民调解员跟踪督办。建立民主评议制度，对各村的人民调解工作进行评议，提高了乡村调解工作水平。调解员以茶为引，在第一时间捕捉、收集、反馈各种矛盾纠纷信息及不稳定因素，调解纠纷不写"状子"、不收费用、不限案由，群众"红脸进来笑脸出去"，大量民间矛盾纠纷被消除在萌芽、化解在基层，充分发挥了茶馆促进社会和谐稳定的作用，形成独有的"南有六尺巷礼让共和谐、北有一杯茶一笑泯恩仇"特色调解品牌。

山东省济宁市兖州区漕河镇
有事"漕"我说 事事"河"为贵

编者按：漕河镇党委、政府以提升群众满意度为导向，2022年以来，通过建设群众会客厅、开通民生热线、办好系列活动、关注"三扶"实事，打造"漕"我说品牌，拓宽群众诉求反馈渠道，实现了"小事不出村、大事不出镇、矛盾不上交、服务不缺位"，探索出了一条"党委领导、政府负责、社会协同、公众参与、法治保障"的新时代乡村治理新路子。

漕河镇位于山东省济宁市兖州区北部，面积47.4平方千米，户籍人口3.3万人，常住人口1.7万人，辖21个行政村。漕河镇精心谋划系列改革创新举措，以提升群众满意度为导向，拓宽群众诉求反馈渠道，着力汇聚乡村治理的社会力量，探索出共建共治共享的新路子。2022年以来，漕河镇累计走访群众5万余人次，摸排群众诉求1 100余条，接待群众1 500人次，接听热线340余条，为群众办理实事260余件，帮助群众解决问题360余件，化解矛盾纠纷700多起，群众满意度持续上升，乡村治理效能得到有效释放。

一、建好群众会客厅，有事进门"漕"我说

严密组织体系。筑牢"群众就是亲人、来了就是客人、办好就是一家人"的服务理念，镇级层面充分利用社会治理服务中心，建成"和为贵"群众会客厅（"和为贵"社会治理服务中心），实现部门整合、多元进驻、服务集聚、集中办公，让群众进一扇门办所有事。"和为贵"群众会客厅处于干

道旁，使得群众进门方便、愿意进门，从而漕河镇建立起以镇"和为贵"社会治理服务中心为主轴、各村网格通力合作的乡村治理架构。

合理划分网格。将全镇划分为39个网格，把综治、公安、执法、创城、应急、消防、疫情防控等工作融入网格，由村党组织书记担任网格长，实现扁平化管理，构建"纵横交错、分片包干、全面覆盖、分级管理、层层履责、网格到底"的长效管理体系，稳稳托住乡村治理的"底盘"。2023年以来，漕河镇39名网格员共上报事件13 918件，记录工作日志9 959条，事项办结率为100%。

科学确定事项。镇级安排信访、司法、综治等部门的工作人员和法律工作者在一线接待群众，突出群众接待、法律咨询、政策宣传、矛盾调解、民事代办这5项服务功能，打造"多元服务百事通、基层治理一网通、便民服务如意通"。每天安排一名班子成员、一名副科级领导、一名法律顾问、一名民警、一名接线员在"和为贵"社会治理服务中心联合接待，由镇党委副书记统筹协调、推动落实，实现"上面千条线、基层一张网、兜起大小事"。

漕河镇干部在"和为贵"社会治理服务中心接待群众，化解群众矛盾

二、开通服务新渠道，拨打热线"漕"我说

漕河镇在进行乡村治理过程中，既发挥村干部"铁脚板"传统优势，又注入大数据信息动能，让网格运转更智能、更高效。

一部热线畅民意。开通"群众一拨我就灵"3218590热线，成立由镇党委副书记牵头、班子成员具体负责、专人专线闭环办理的工作专班，明确了接线员、转办员、督办员队伍，周末无休24小时正常接听，构建了为民服务新渠道，接诉即办、限时办结、定期回访。入户分发3218590名片2 000余张，工单办理回复率100%。

一个平台抓治理。成立镇级网格化治理大平台，与"天网工程""雪亮工程"高度融合，全镇396个监控探头全部接入平台，通过大数据手段梳理分析多种途径的信息，实现精细分类、精准分级、精确转办。

一个闭环促落实。网格发现的问题由专职网格员直接办理，重点难点问题按照"网格吹哨、分级转办、响应处置、核查反馈、考核评价、事件归档"流程，实行分级流转、闭环处置，凝聚上下联动、多方协同的攻坚合力。

三、办好活动解民忧，主动上门"漕"我说

漕河镇坚持民有所需、网格必应、应必有果，立足转作风、强服务、真满意，实现网格接诉即办有速度、未诉先办有温度、诉求落实有力度。

全周期服务。在新冠肺炎疫情、汛期、禁烧等重要节点，村干部24小时待命，常态化开展大走访、大排查、大提升，严格落实"矛盾纠纷在一线化解、风险隐患在一线消除、难点问题在一线解决"机制，每天将网格巡查一遍，做到"居民大病困难必过问、发生突发事件必过问、邻里矛盾纠纷必过问、邻里守望相助必过问、群体服务诉求必过问、开展志愿服务必过问"和"困难群众必访、独居老人必访、残疾家庭必访、出租房屋必访、失业人员必访、留守儿童必访"，严格落实"班子成员包管区、机关干部包

村、村干部包网格、网格员包户",做到"清底数、清政策、清任务、清措施、清隐患";每月对网格内所有住户、企业走访一遍,常态化开展上门服务;每月至少为群众办一件实事,及时解决困难问题。2023年以来,开展全民反诈摸排走访11 623人次,发放宣传单页1万余张,悬挂条幅50条,设置展板100块。

零距离服务。开展"群众吹哨、党员报到"活动,建立群众诉求攻坚化解清单,解决存量诉求,将群众烦心事变成满意事,让作风真转变。开展"我为群众办实事"活动,各村明确实施一批民生实事,建立增量台账,将群众的操心事变成高兴事,让干部真服务。开展"民意我来听、群众真满意"活动,利用非工作日时间,开展"周末说事",办好定量实事,将群众的揪心事变成开心事,让群众真满意。

针对性服务。对村干部反馈的问题、难以解决的问题,漕河镇党委研究制定了"书记会客直通车""周末五点说事会商""定期督办回头看""矛盾隐患清单管理"等制度,促进了乡村治理得

漕河镇干部到后谢村宣讲民生政策,了解群众诉求

漕河镇前邴村村民到"和为贵"社会治理
服务中心送锦旗以表感谢

到更高效、更长效推进。

四、"三扶"工作惠民生，遇到困难"漕"我说

漕河镇以统筹民生资源、增强兜底功能、提升服务能力为重点，构建"三人、三扶、三个到位"工作体系，从"兜住底"向"优服务"拓展，实现群众幸福指数提升。

"三人"队伍提质效。组建由248名热心人、明白人、带头人组成的"三人"队伍，建立留守儿童、精神病人、孤寡老人等困难群体台账，创建"幸福食堂""六七课堂""希望小屋""阳光诊所""冬日暖阳"民生服务品牌，围绕"一老一小一困"开展帮扶救助。与济宁医学院合作共建大学生社会实践基地，为辖区群众开展各类志愿服务；与北京科技大学黔路微梦支教小队合作，在暑期开展"六七课堂"。

"三扶"专班聚合力。从扶贫办、民政办等部门抽调精干力量成立"三扶"（扶老、扶幼、扶困）专班，实体化运行。通过"三扶"专班牵头，狠抓脱贫户、困难家庭、孤寡老人、留守儿童等主体相关政策的落实，分层分类实施社会救助，实现巩固拓展脱贫攻坚成果同乡村振兴有效衔接。2023年以来，共赠送"三扶"（扶老、扶幼、扶困）防疫爱心包498个，走访群众680余次。

"三个到位"出成效。为破解政策外困难群体的即时帮扶难题，保障"三扶"工作可持续发展，在爱心企业、爱心人士与"三扶"群体之间建设"连心桥"，募集"三扶"资金122万元，重点资助老年人、儿童中的弱势群体，2022年发放16.6万元，救助政策外困难群体60余人。

能量家园　激活基层治理"她力量"

编者按：龙村瑶族村依托湖南省妇联实施的"湘妹子能量家园"工程，发挥基层妇女作用，创新实行"8354"工作法，即划分8大片区、成立3支队伍、打造5大主题、制定4张清单，收集、研判、解决基层治理中的矛盾、痛点和症结，提升乡村治理效能，实现政府治理和社会调节、居民自治良性互动，达到共建共治共享的目的，助推村集体经济收入从2020年的27万余元增长到2022年的113万余元，该村妇女群体荣获全国妇联系统先进集体。

湖南省郴州市宜章县梅田镇龙村瑶族村是3个村（水楼下村、原龙村瑶族村、荷叶塘村）的合并村，也是瑶汉混居村、革命老区村、省级脱贫村，共有63个自然村和36个村民小组，有1 779户6 083人，其中瑶族村民182户886人。合并前的水楼下村和荷叶塘村曾是梅田镇有名的软弱涣散村，时常因争煤、争田、争土等发生口角甚至大打出手，治安较为混乱。为破解这一难题，3个村合并后的龙村瑶族村发挥基层女性的力量，实施"湘妹子＋基层治理"模式，划分8大片区、成立3支队伍、打造5大主题、制定4张清单，有效推进农村社会的和谐稳定，助力乡村全面振兴。

一、8大片区一张网，制定积分办法和管理制度

2016年3个村合并后，龙村瑶族村"两委"关键时刻勇挑重担，先是配齐村支"两委"班子，再是创新推行"网格化＋户积分"乡村治理模式，初

步形成了网格内"风吹草动有人知、家里长短有人问"的村级治理新格局。2021年8月，龙村瑶族村又积极申报省级"湘妹子能量家园"工程试点村，申报成功后，又紧锣密鼓地织密乡村治理网。

一是划片区。 按照分布特点、人口数量、群众生产生活习惯等实际情况，将全村划分为8大片区，将妇联执委落实到网格内，负责联系管理网格内村民，积极引导村民参与乡村振兴、产业发展、乡风文明等方面的村级事务。

二是定规则。 制定村级"湘妹子能量家园"积分办法和管理制度，以户为单位，将所有村民纳入"湘妹子能量家园"积分制管理范畴。积分由基础分、奖励分和处罚分等部分组成，做到简单化、易操作。将获得的乡级以上荣誉表彰及在维护村级稳定、促进乡村振兴、壮大集体经济等方面的突出贡献作为奖励分事项，将在村级事务中不支持、不配合的行为作为扣分事项，根据实际情况给予5～50分不等的加（扣）分。

三是强管理。 8大片区网格员采取"一事一记录""一季度一兑换""一年一评优"户积分管理流程进行积分管理，村民可在"湘妹子能量家园"积分兑换小店或集中组织的兑换活动上凭积分券兑换纸巾、洗衣粉、大米等生

"湘妹子能量家园"成员开展税分兑换活动

活物资。全村有1 670户已在"湘妹子能量家园"注册，占比94%。2021年至今，共发布线上活动90个，线上与线下5 000余人参与，兑换积分3.6万分，兑现物资金额18万元。

二、3支队伍齐发力，为建设能量家园贡献力量

在乡村治理实际过程中，事务多，出现的问题也多，工作推进存在一定的阻力。龙村瑶族村"湘妹子能量家园"以"网格化＋户积分"为依托，成立了3支队伍为能量家园添力。

一是成立"湘妹子能量家园"工作领导小组。成立了由党总支部书记任顾问，村妇联主席任组长，妇联其他执委为成员的"湘妹子能量家园"工作领导小组，定期研究解决"湘妹子能量家园"推行过程中出现的问题和困难。

二是选聘优秀网格员队伍。每个网格根据实际情况，采取群众自荐、村民推荐、基层党组织把关的方式，从村"两委"干部、小组长、党员、后备力量和村好人协会成员中选聘网格员，全村共推选网格员113名，每个网格员联系5～20户，网格员中有妇女68名，占比约为60%，有15名是妇联执委。

三是培养妇联执委致富带头人。充分发挥引领作用，吸纳"有文化、能干事、干成事"的妇女同志作为妇联执委致富带头人，带动村民参与产业发展，龙村瑶族村已有妇联执委致富带头人5名，利用大户助小户、强户带弱户、富户帮穷户等帮带方式，实现了村民共同发展、增收致富。

村妇联主席和"湘妹子能量家园"成员走访困难群众

三、5大主题齐添彩，村级工作上台阶

龙村瑶族村妇联打造5大主题，有效保障"湘妹子能量家园"与村级各项工作有机衔接。

一是互助帮扶，人心更齐了。"有行动就有积分、有积分就有奖励"是"湘妹子能量家园"的口号。在发展路上，龙村瑶族村注重互助帮扶，坚持"风吹草动有人知、家里长短有人问"，不让一户掉队、不让一人受苦。在党员干部的示范带动下，全村爱心捐款、捐物，已帮助困难党员、"两癌"妇女、困难学生、留守儿童、重病重残户、独居老人等400余人次，发放物资、现金合计60多万元。

二是环境整治，家园更美了。组织村内妇女广泛参与人居环境整治提升行动，积极引导村民参与农村生活垃圾治理、污水治理、乡村绿化行动和厕所革命、基础设施管护等活动，建立门前"三包"、卫生费收取、保洁员评比

龙村瑶族村开展"出手吧姐姐 湘妹子来植树"活动

等长效管理机制，通过户积分等激励措施，增强了村民的卫生环境意识，使农村垃圾不再乱丢、污水不再乱排、畜禽不再乱跑，村子从昔日"脏乱差"变成如今"小清新"。

三是乡风文明，民风更淳了。通过全面把控全村的红白喜事操办情况，积极探索高效率、接地气的移风易俗好方法，让村民逐渐形成移风易俗意识。2022年村级评选"最美家庭"27户，"最美庭院"16户，"好婆婆""好媳妇"13人，"最美新时代好少年"4人。现在村里互帮互助、互爱互敬的现象多了，无理取闹、打架斗殴的现象基本消失；向善向上、向美向好的现象

多了，无事生非、打牌赌博的现象已经没有了。

四是创新创业，村民更富了。实施"湘妹子能量家园"工程以来，龙村瑶族村以网格为单元，引导和鼓励农户按照发展意愿相同的原则进行组合，利用大户助小户、强户带弱户、富户帮穷户等帮带方式，实现共同发展、增收致富。村里形成5户种养大户，共发展成立2家农业公司、16家专业合作社。在创新产业发展中村妇联执委吴章喜种植脐橙300亩，带动15名妇女务工，让她们每人每年增加收入2万余元。

"湘妹子能量家园"成员介绍村民至书包厂就业

五是乡村治理，治安更好了。"湘妹子能量家园"平台让党的政策第一时间传递到了田间地头、每家每户，也让村情民意迅速被反馈到党委、政府，让老百姓的所急、所需、所盼得到及时有效解决。社会不稳定因素减少了，和谐因素增多了，近年来全村无刑事案件和治安案件发生，实现了零上访和零事故。

四、4张清单齐增效，议事、管事、理事、办事照单操作

"湘妹子能量家园"工程启动以来，通过制定4张清单，形成了"有场

议事、有人管事、有章理事、有钱办事"的良好格局。

一是以场地建设清单议事。坚持把完善"湘妹子能量家园"阵地建设作为基础性工作来抓，不断改善和提升服务水平，通过"网格化＋户积分"管理平台与"湘妹子能量家园"有效衔接，整合和利用资源，打造出功能完善的"湘妹子能量家园"阵地，目前"湘妹子能量家园"积分兑换平台占地200平方米。

二是以职责任务清单管事。明确网格员在"湘妹子能量家园"工作中的职能职责，通过"线上不定时宣传交流、线下定期走访"，向群众宣传党的政策并收集意见建议，及时解决"湘妹子能量家园"运行过程中出现的问题。

三是以制度机制清单理事。由村建立民情走访记录、问题分析研判、民情信息反馈等管理机制，制定"湘妹子能量家园"户积分申报公示、动态管理、考评奖惩等制度，完善积分兑换流程，确保积分公开公正。

四是以资金筹集清单办事。采取"四个一"的形式（上级补一点、帮扶单位支持一点、村集体给一点、社会力量捐助一点）多渠道筹集"湘妹子能量家园"资金，为"湘妹子能量家园"正常运行、户积分奖励兑现提供保障。

第四部分

着力解决乡村治理突出问题，
促进治理有效

黑龙江省齐齐哈尔市甘南县
联调联动解难题 多元化解促平安

编者按: 甘南县以建设"法治乡村"为目标,以提升村民安全感和满意度为动力,坚持高标定位,强化责任落实,坚持和发展新时代"枫桥经验",促进矛盾纠纷多元化解,依托县、乡两级矛盾纠纷多元化解"一站式"平台,推动矛盾纠纷"一站式接收、一揽子调处、全链条解决","法治乡村"建设取得了显著成效,保障了全县人民安居乐业、社会安定有序,奋力谱写了新时代"枫桥经验"鹤城版本的甘南篇章,推动形成了具有特色的治理模式和发展格局。

甘南县位于黑龙江省西部、嫩江中游右岸,总面积4 792平方千米,辖10个乡(镇),有95个行政村,总人口36.4万人,其中农村人口23.7万人。近年来,甘南县以持续完善农村治安防控体系、着力推进"五治融合"和矛盾纠纷排查化解为抓手,积极开展以"三无村"(无因民事纠纷引发的民事诉讼案件、无重大刑事案件、无到省进京上访和到省进京于非接待场所登记人员的村庄)建设为突破口的乡村治理工作。先后创建无讼示范村、驻村法官工作室,推进"三官一律"(法官、检察官、警官和律师)进网格,完善了乡村治理体系,丰富了乡村治理载体,创新了工作品牌,基本实现了"矛盾不出村(屯)"的目标,进一步提升了乡村治理水平。

一、整合资源力量,打造"一站式"调处平台

甘南县统筹"四所一庭一中心"(派出所、司法所、律师事务所、基层

法律服务所、人民法庭、综治中心），强化窗口功能，创建信息化平台，推动"一站式"矛盾调处。

整合平台资源，从"多平台"向"一中心"转变。在县级层面，将综治中心、调解中心、信访接待中心统一整合为县社会矛盾纠纷综合调处中心；在乡（镇）层面，以综治中心为依托，成立乡（镇）社会矛盾纠纷综合调处中心，中心主任由政法委员担任，中心设置诉求受理窗口、人民调解室和综合办公室"1窗＋2室"功能分区，建立"四所一庭一中心"矛盾纠纷联调机制，所涉部门共驻乡（镇）便民大厅联合办公调处。以群众矛盾纠纷化解"最多跑一地"为目标，加大县、乡两级社会矛盾纠纷综合调处中心建设，有效发挥"四所一庭一中心"联调联动作用。

强化功能集成，从"分散办"向"集中调"转变。在县、乡两级社会矛盾纠纷综合调处中心设置法律咨询、人民调解、信访接待、劳动纠纷等功能窗口，设置矛盾调处、法律服务、社会心理服务等多个功能区，实行人民调解、行政调解、司法调解和行业调解"一站式"办理。公安、信访、司法等重点部门集中常驻，一般部门轮换入驻，涉事部门随叫随驻，实现群众诉求

法官工作室帮助调解土地承包纠纷

"一站式接收、一揽子调处、全链条解决"。甘南县所辖各村设有信访接待组、法律服务组、纠纷调处组、综合协调组，集多种调解方式和非诉讼纠纷解决方式于一处，群众可通过线上党群服务平台进行"吹哨"，或线下到综合便民服务中心、信访接待室反映诉求，诉求得到

为群众解决矛盾纠纷，讨回欠款

受理后由综合协调组将相关信息反馈至纠纷调处组，法律服务组及时提供相应和必要的法律援助。对于调解不成的案件及时引导，进入诉讼程序，严格按照"一窗受理、分类调处、调解在先、诉讼对接"的形式处置矛盾纠纷，真正做到让群众"只进一扇门、最多跑一趟"，真正使社会矛盾纠纷综合调处中心成为初信初访化解的最前沿。

二、丰富工作载体，提升基层社会治理水平

甘南县积极探索乡村治理新路径，创新矛盾调解方式，擦亮各村法治文化"金名片"。

定期开展"村民说事会"。各村定期召开"村民说事会"，号召各屯的"五老"、企业家加入，鼓励群众积极参与，遇到村民之间产生的纠纷，采用说情、讲理的方法，精准、有效地化解矛盾纠纷，形成了"小事不出村、矛盾不上交"的乡村治理良好局面。

设立驻村法官工作室。打造"1＋2＋N"模式，由1名员额法官＋2名村调解员＋N名"法律明白人"互相配合开展矛盾纠纷预防化解工作，积极响应群众法律诉求，走出了一条社会矛盾化解的新路。2023年春耕期间，甘

南镇晓光村法官工作室成功调解了一起土地承包纠纷案件，帮助273名村民维护了合法权益。

全面落实"三官一律"进网格。充分发挥法官、检察官、警官、律师的职能优势和作用，努力把矛盾化解在源头、解决在基层，共同破解基层社会治理难题。全县已有204名法官、检察官、警官、律师下沉到网格并在公示板

法官、检察官、警官、律师下沉到网格开展普法宣传

上墙，累计开展公益法律咨询107次，普法宣传32次，协助村委会起草、审核、修订村规民约和其他管理制度65次，参与调处矛盾纠纷133起，提供法律意见307次。实现以"小网格"汇聚"大平安"，构建矛盾纠纷预防化解共同体，有力夯实了群防群治基础，最大限度地满足了人民群众的多元化司法需求，有效化解了社会矛盾纠纷，取得了较好的社会效果。

打造基层调解品牌。优化全县调解员队伍，打造品牌，强化示范引领带动，有效提升了工作水平。依托社会矛盾纠纷综合调处中心，推动以调解能手的名义或名字设立的个人调解室建设。甘南县在甘南镇东风社区建立了以全国金牌调解员刘立波的名义设立的"老刘调解室"，调解室自2019年成立以来累计化解矛盾纠纷4 000余件，化解疑难信访案件300余件；在兴十四镇兴十四村和甘南镇晓光村分别建立了以全国优秀法官谷秀琴的名字设立的"谷秀琴法官工作室"，采取"1＋2＋N"模式，打造多个无讼示范村。甘南县共创建个人品牌调解室14个，壮大了治理队伍，提升了乡村治理效能，基本实现了"小事不出屯、大事不出镇、村（屯）矛盾化解在基层"的目标，诉讼案件数量较前几年呈明显下降趋势，人均案件数量下降，案件处理的质量和效率显著提升。

三、强化自治支撑，打造共建共治共享新格局

甘南县积极探索自治强基新路径，引导群众广泛参与到基层社会治理工作中，充分激发群众自治活力。

推行村务公开。要求各村制定村级"三务"公开工作规范，公开内容分为3大板块36项具体内容。采取线下定点公开和线上微信公开两种方式，线下的每项公开都有规范模板，由规范文本文字和白话文文字说明两部分组成，财务公开还配上明细账，通过深入浅出的数字和语言表述，使村民一目了然、一看就懂。线上公开通过以村（屯）为单位设置微信群进行，村党组织书记在微信群里对需要公开的事项用语音进行说明，非常接地气，提升了村民参与乡村治理的积极性，人民群众的满意度也逐渐提升。

创新积分超市。着力打造村规民约"升级版"，实行"积分超市奖励制"。甘南县共创建积分超市69个，以积分兑换奖品的形式，助力培育文明乡风，为基层治理蓄"动能"，让乡风文明"可增值"。真正让农村乡风美起来、环境美起来、生活美起来，不断推动乡风文明由倡导约束向自治自觉转变，不断呈现出向上向善的文明新气象。

村民到积分超市兑换物品

浙江省嘉兴市桐乡市
婚丧宴请"瘦身菜单"
减出乡村善治新风尚

编者按：为解决农村婚丧宴请大操大办、铺张浪费的突出问题，浙江省嘉兴市桐乡市深化"三治"融合，在农村倡导推行11套婚丧宴请"瘦身菜单"，抓住关键制度、核心人群、重点场景，有力回应了农民群众节俭办酒的内心期待，有效破除了人情攀比、大操大办、厚葬薄养的陈规陋习，逐步建立起自觉践行移风易俗理念的长效机制。

桐乡市隶属于浙江省嘉兴市，辖8个镇、3个街道，有176个行政村，2022年农村居民人均可支配收入4.65万元。近年来，随着生活水平的提高，农村红白宴席的规模越来越大，40～80桌的热闹排场、28～32道昂贵菜品、动辄20余万元的铺张开销，已经成为乡村共富路上的沉重负担。2021年以来，桐乡市推行"一镇一品"婚丧宴请"瘦身菜单"，通过事前共商、事中监督、事后评议，构建全流程推进机制。经过近3年的努力，"瘦身菜单"渐成宴席常态，农村婚丧宴请大操大办、铺张浪费的突出现象有了明显改观，"办酒进礼堂、凡事倡节俭、为人讲奉献"成为乡村新共识。桐乡市农村实行"瘦身菜单"节俭办酒累计1 500余场，节约开支6 000余万元，农户宴请花费平均减少40%，其中单场婚宴节约开支最高可达10万元。"小餐桌"逐渐撬动"大治理"，农民主动自治、自觉践行移风易俗渐成常态，进一步弘扬了农村的节俭文化，接续了勤俭节约传统，以"三治"融合为内核的基层乡村善治水平显著提升。

桐乡市洲泉镇湘溪村围绕移风易俗发起"湘溪夜话"

一、依托"三治"融合，定好移风易俗"新规矩"

桐乡市是"三治"融合经验的发源地，自治、法治、德治在乡村治理中有普遍、长久的实践基础。为此，该市在推行婚丧宴请"瘦身菜单"时始终践行"三治"融合理念，充分发挥"一约（村规民约）两会（百姓议事会、企业家参事会）三团（百姓参政团、道德评判团、百事服务团）"的基础作用。

议事协商定制"一地一策"。该市引导11个镇（街道）排定特色菜单。"村级菜单"则通过村民共商确定，百姓议事会、妇女议事会、红白理事会定期议事，研究实施办法、评定奖惩措施。如该市洲泉镇

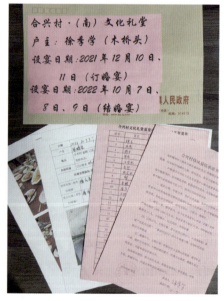

桐乡市婚丧宴请移风易俗
"一书三表"：承诺书、菜单表、
基本情况表、现场评议表

屈家浜村率先商定推出移风易俗18项举措，这些举措成为本村村民的共同遵循及其他村的效仿样板。桐乡市各镇村红白事简办标准制定率达到了100%。

"三治"积分激发参与热情。"三治"积分这一机制量化了村民参与乡村治理的事项，鼓励村民通过参与村级事务积累积分券，兑换粮面、液化气等生活用品。桐乡市依托"三治"积分建立移风易俗评议奖惩机制，由村妇女议事会对婚丧宴请情况进行评议，村统一兑现积分券、礼堂租赁费减免等奖励，奖励情况每月在村公告栏张榜公示，营造了浓厚的自治氛围。

公益基金助力"帮困共富"。在各镇村推广建立移风易俗共富基金，引导有意愿、有能力的农户家庭将节俭办酒节省的部分资金捐出来作为帮扶救济困难家庭或公益事业的支出，将这些资金投入崇学助学、敬老祝寿、拥军优属、扶危救困等社会福利保障及慈善领域。办酒农户不但节约了宴席开支，而且为社会事业做了贡献，既撑了"面子"又长了"里子"。2022年，桐乡市洲泉镇成立了首个移风易俗共富基金，已募集资金23.6万元，累计救助困难家庭18户。

二、紧盯三类人群，刹住铺张浪费"歪风气"

破除乡村陈规陋习，最主要是转变人的思想，把文明新风"吹"进村民心中，形成行动自觉。在推行"瘦身菜单"过程中，桐乡市以党员干部、办酒农户和乡村厨师这三类人群为发力重点，营造全员响应、踊跃参与的良好氛围，汇聚移风易俗"一股劲"。

村干部上门为办酒农户发放环保打包盒

党员干部率先垂范。桐乡市明确"市、镇、村、组"移风易俗联动责任，充分发挥基层党组织的战斗堡垒作用和党员干部的先锋模范作用。各镇（街道）陆续出台机关工作人员及村社干部喜宴报告制度，通过组织动员和座谈讨论，引导党员干部率先践行婚丧宴请"瘦身菜单"，减规模、降规格、短日程，生动展示文明节俭办酒的全过程，现身说法算清"经济账""人情账"，在村民中形成可看可学、愿改能改的榜样示范。

农民群众积极参与。严格实施农村喜宴报备制度和移风易俗"月谈会"，每月由镇村干部与拟办酒农户家庭座谈，普及移风易俗常识，讲解婚丧宴请"瘦身菜单"内容和具体操办流程，面对面答疑解惑和进行经验指导，让拟办酒农户逐一签订《移风易俗节俭办酒承诺书》。村级落实农户报备、友善提醒、相互监管、成效评议等环节，同时加强节俭办酒、移风易俗新风尚宣传，特色漫画移风易俗系列公益广告浏览量突破150万人次。

桐乡市非遗传承人沈震方为村民表演移风易俗"三跳"节目

乡村厨师全面履责。乡村厨师在乡村宴席中扮演着重要角色，对宴席的规格定位、食材采购等有建议权。桐乡市重点加强乡村厨师行业管理，引导乡村厨师制定移风易俗新菜单。以镇村为单位举办乡村厨艺培训班、"千元桌餐"比拼赛，努力实现宴席餐标质量统一、菜品丰富多样。各村与农户、乡村厨师分别签订《文明办酒责任书》8 700余份，通过取消澳洲龙虾、东星斑等高档海鲜菜品以及合理降低酒水档次等方式降低了宴请开支。

三、打造三大场景，培育乡村文明"活样板"

移风易俗是一项系统工程，不可能一蹴而就，需要因地制宜、循序渐进、久久为功。在推进乡村婚丧宴请移风易俗过程中，桐乡市在宣传引导文明乡风的同时，注重在宴席餐桌、文化礼堂、婚庆礼仪等载体上打造标准化、精品化场景，共绘移风易俗"示范图"。

"千元餐桌"为农减负。在11套婚丧宴请"瘦身菜单"中，每桌宴席遵循"定员、降标、减菜、控量、弃烟"的标准缩减开支。22道菜品按冷热、荤素科学搭配，其中荤菜以蹄髈、河虾、羊肉、鸡鸭等平价食材为限，素菜倡导选用农户自产或应季蔬菜，酒水则以自酿米酒、平价白酒及饮料等为主，既吃出了低脂健康，也吃出了乡间烟火。婚宴喜庆伴手礼改香烟、高价礼品等"十大件"为米、油、糕、糖等"四小件"，既彰显了简约实用，又传递了淳朴乡情。

桐乡市洲泉镇某婚宴现场"瘦身菜单"上的美食

"家宴礼堂"数字赋能。推动农村婚丧宴请应进尽进文化礼堂，同时积极探索构建"家宴礼堂"数字化平台，推行一键预约制，重塑"礼堂预约—菜单推荐—服务选购—线上承诺—实时监督—评价激励"的流程闭环。构建评价移风易俗工作成效的23项指标体系，创新推出共同富裕移风易俗指数，打造指数雷达图，实现一图全观。桐乡市"一村一策"方案完备率、理事会构建率、礼堂办酒建档率均达到100%。

"婚事新办"蔚然成风。在引导和革新乡村婚俗形态上下功夫，将农村婚礼从"繁文缛节"和铺张浪费中解放出来。文化礼堂提供免费场地、实惠布景、志愿司仪等一批简朴、时尚、受群众欢迎的婚庆服务。农村婚丧宴请从高档酒店搬回文化礼堂，单场婚礼平均节约开支30%。推进乡村"彩礼减负"，提倡有条件的村对符合"零彩礼"、低彩礼条件的家庭提供公益婚庆服务，组建村"义务红娘"，在牵线连姻缘时引导共同抵制高价彩礼，推进移风易俗。

江西省上饶市婺源县
"微家训"润心田促乡风文明

编者按：婺源县深入贯彻落实习近平总书记关于家庭、家教、家风建设重要论述精神，以社会主义核心价值观为引领，并借力以朱子文化为代表的优秀传统文化，大力推进家风建设，创新实施"微家训"工程，以优良家风带动形成"户户好家风、村村好民风、处处好乡风"的文明新气象，进一步助推农村精神文明建设和乡村治理提质增效。

婺源县自古崇文尚礼，家训文化源远流长。紫阳镇考水村胡欢庆家庭"邻里团结、尊老爱幼、和睦相处、勤劳致富"；江湾镇汪口村俞广攀家庭"家风当唯孝悌，世业乃在诗书"……走进婺源县的街巷，家家户户门前都挂着一块精致的"标签"，上面用醒目的字体书写着户主姓名和家训，这些家训不仅代表着寻常百姓家的家庭形象，且"春风化雨润心田"般涵育着和谐文明的家风、民风、乡风。婺源县立足优秀传统文化资源，创新挖掘"微家训"助推乡村治理，全县8万余户群众晒出"微家训"，形成"户户好家风、村村好民风、处处好乡风"的文明新气象，促进农村精神文明建设。

一、立足"三大文化"，挖掘"微家训"

一是立足名人文化，让"微家训""活"起来。婺源县挖掘名人轶事、村史往事、历史中的励志故事等文化资源，在汪口、思溪、西冲等村建设村史馆（数量占全市7/10），编撰《名人撷英》《流芳百世》《汪口村志》等书籍，让家族祠堂变身"文化讲堂"，使封存在历史深处的家训资源"火"了起来，成为"活教材"。

二是立足村规民约，让"微家训""用"起来。历史上，婺源县有"枯枝败叶不得移动""永禁赌博"等一批优秀的村规民约。婺源县古为今用，将"生子植树""敬树如神"等民间传统做法纳入家规家训，并将"微家训"融入中堂、楹联，让村民潜移默化接受熏陶和教育，形成村民自我管理、自我约束的长效机制。同时，常态化开展"最美家庭""文明家庭"、"身边好人"评选活动，让"微家训"发挥实际效用。

三是立足宗族谱牒，让"微家训""动"起来。婺源县是古徽州"一府六县"之一，有着深厚的宗族谱牒文化底蕴。江湾村挖掘谱牒文化，在萧江宗祠刻录宗族脉络渊源、谱训，书写"忠、孝、节、义"等，营造崇德尚贤、见贤思齐的浓厚氛围。婺源县"以点带面"推广江湾村的做法，

江湾镇汪口村俞广攀家庭晒出"微家训"

在各村组织熟悉村情村史的老党员、老教师、老干部组成家风家训文化传承挖掘小组，共搜集和整理出5万余条"微家训"供村民认领，村民结合家庭实际，有的自撰、有的认领，将"微家训"晒在厅堂前或正门墙上，涌现出了汪口、严田、冲田、思溪、清华、前段等一批"微家训"示范村。"微家训"的最大意义不在于"晒"，而在于"润"，晒出的"微家训"如同颜面，言行一致才有面子，从而激发群众的自豪感和荣誉感，促进群众自觉守信践行家规家训，在相互带动中"润"出好家风、好乡风。

二、搭建"两大平台"，传播"微家训"

一是搭建学校平台，从娃娃抓起，让"微家训"润物无声。婺源县坚

持从娃娃抓起，讲求"读朱子之书、服朱子之教、秉朱子之礼"。编写地方教材《朱子家训选读》，中小学校每周专门开设一节诵读课，做到传统文化（朱熹《训蒙诗百首》）进教材、进课堂、进头脑。实施"书乡名师"培育工程，提高德育在考评中的比重；开展"蒙童开笔礼"活动；每两年开展一届"美德少年"评选表彰活动等。让"微家训"润物无声，使孩子们从小接受"微家训"和优秀传统文化的熏陶，帮助孩子扣好人生的"第一粒扣子"。

二是搭建社会平台，从身边做起，让"微家训"深入人心。婺源县坚持从身边做起，以"小家"文明构筑"大家"风尚，广泛开展"书本教家训""书画写家训""微信劝家训""古建续家训""村民议家训"等活动；"魅力婺源"微信公众号定期制作《好家风、好家规、好家训》栏目，刊播名言警句"微家训"等，打造"掌上家训课堂"。每年春节前，县委宣传部、县文明办联合婺源县诗词楹联学会、书法家协会开展送"春廉"活动，寓教于"联"传播"微家训"，弘扬好家风，受到了社会广泛关注，使"微家训"深入人心。

赋春镇严田村举办道德讲堂

151

三、擦亮"一大品牌"，弘扬"微家训"

婺源县被誉为"中国最美乡村"，继油菜花海、晒秋赏枫、梦里老家之后，村民家家户户在家门口"晒"出各具特色的"微家训"，既彰显了传统美德，又寄托了他们对美好生活的向往，进一步丰富了"中国最美乡村"的内涵品质，让"中国最美乡村"的品牌愈擦愈亮。如结合新兴的民宿产业，打造了"九思堂""将军府""继志堂"等以堂名、堂规、堂训文化为代表的特色民宿，使之成为精神文明建设的新阵地。农民群众信守并践行"微家训"，主动参与乡村管理，支持乡村建设，融入环境整治和旅游发展，成功打造了严田、官桥、大畈、菊径、荷田等一批"零门票"特色景观村，建成了"摄影村"漳村、"写生村"理坑、"观鸟村"石门等一批特色产业村，带动更多城乡居民走上共富路。

赋春镇严田村干部向村民讲述"微家训"故事

四、"微家训"扎根城乡，促进民风乡风

婺源通过"微家训"工程让名人家训在城乡深深扎根，以良好家风促进形成纯朴民风与和谐乡风。在"微家训"的熏陶教化下，婺源县涌现出全军唯一获得"全国脱贫攻坚先进个人"荣誉称号的俞细文，"全国模范退役军

人"叶进泉,"中国好人"戴向阳、沈志勇,"江西好人""龚全珍式好干部"黄欣泉,"贫穷慈善家"项炳阳等一大批好榜样和"活教材"。长期以来,婆源县公众的安全感与满意度一直高居省内前列,连续16年被评为"全国平安建设示范县",无刑事案件、无重大治安案件、无村民犯罪、无村民越级上访的"四无"村(社区)超过90%。一幅党群连心、家庭和睦、社会祥和的和美画卷在婆源大地上徐徐展开。

清华镇清华村查文生家庭晒出"微家训"

五、"微家训"立足乡土,与时俱进促新风

一是"微家训"立足乡土文化,认同感强。婆源县的"微家训"不是"舶来品",大都是从当地的宗谱村志、村规民约、治家格言中整理得来的,蕴含着浓郁的乡土文化,在村民中认可度极高,熏陶教化,润物无声,激发了村民的自豪感和荣誉感,有助于激励村民自觉树立正确的生活观和致富观。

二是"微家训"既体现美德,又代表承诺。村民晒出的"微家训",大多和自家的经历相关,因户而异,既体现家庭美德,又代表家庭承诺,一诺千金,信守践行,形成了村民自我管理、自我约束、自我提升的长效机制,为美丽乡村增添了一股继承传统、推陈出新的文明新风。

三是"微家训"与时俱进、去粗取精、去伪存真。体现时代精神、贴近生活、通俗易懂,是婆源提炼家训时把握的三大原则。婆源充分发挥老党员、老干部、社会名人、乡村教师、村民自治组织等几支队伍的示范力量和智慧支持,通过长辈口传、家人共议,做到去粗取精、去伪存真,用优秀家训文化倡导好家风、促成好民风、涵养好乡风。

河南省安阳市林州市

借"以巡促治"东风　谱乡村治理新篇

　　编者按：近年来，林州市聚焦乡村治理问题，探索开展对村（社区）的巡察，形成了巡察问题、整改问题、提升治理的"巡、改、治"三部曲，围绕乡村治理体系完善和治理能力提升，助力人居环境提升、经济社会高质量发展，夯实乡村振兴工作的政治、组织、治理、经济、文化基础，为乡村全面振兴提供坚强的政治保证。

　　林州市位于河南省最北部，地处豫、晋、冀3个省份的交界处，是红旗渠精神发源地。林州市总面积2 046平方千米，辖4个街道、16个镇、1个国家级经济技术开发区，539个行政村、49个社区，1 747个自然村。近年来，林州市探索实践对村（社区）的巡察，纵深开展"以巡促治"，着力打造组织之治、廉洁之治、民生之治、文化之治、平安之治，全面提升村（社区）治理水平，逐渐形成乡村治理的林州模式。

振林街道平房庄村巡察工作前后人居环境变化

一、明确"以巡促治"基本目标，形成巡察规范

村（社区）巡察第一步是"巡"，即谁来巡、巡什么、怎么巡。为此，林州市边实践边总结，逐步完善形成了切实可行的巡察规范。

一是谁来巡。市委书记作为巡察工作领导小组组长，市委巡察工作领导小组牵头抓总，统筹全市纪检、组织、财审等部门的力量，建立了320人规模的巡察人才库，"专兼结合"分批次轮换抽调人员进行巡察。林州市已开展巡察12轮，共派出巡察组300个，巡察干部1 600余名。

二是巡什么。林州市将巡察工作聚焦党的理论路线方针政策和中共中央决策部署在基层的贯彻落实情况、群众身边的腐败问题和不正之风、基层党组织软弱涣散问题等3大类11项问题。

三是怎么巡。重点在"巡、访、察、督、建"5个字上下功夫。"巡"得活，每年开展3～4轮巡察，每两轮巡察中间穿插一次"回头看"。"访"得全，采取"五访六必到"工作机制，走访党员人数不少于村党员总数的3/4，走访户数不低于全村人口20%，最低不少于50户。已完成的12轮巡察共走访6.7万余户，谈话对象共15.3万余人。"察"得准，冲着问题去，盯着问题查，对村级党组织进行认真"体检"，12轮巡察共调整村级班子39个、村干部144人。"督"得严，严格"四不放过"审查整改质量，对整改情况跟踪督

林州市召开巡察村（社区）共性问题专项整治工作推进会

导检查，针对所有问题建立台账、对账销号。"建"得细，出台巡察村（社区）工作规范、进一步高质量推进巡察村（社区）工作实施意见等7项规章制度。

桂园街道东关社区向巡察组赠送锦旗

二、扛稳"以巡促治"整改责任，健全工作机制

村（社区）巡察第二步是"改"。做好巡察"后半篇文章"，关键要在整改上发力。巡察工作坚持"下去一把抓、回来再分家"工作方法，建立完善的整改机制，形成巡察办统筹协调、督导组全程督导、纪委监委跟踪问责、市委职能部门监督的整改工作格局。

一是简单问题立巡立改。巡察的目的是让群众快速看到巡察带来的实实在在的变化，引导群众广泛参与。12轮直巡，林州市立巡立改事项共计1 176件。"短平快"的解决方式，让群众切身感受到身边党员干部作风的转变。

二是腐败问题直查快办。对于巡察中发现的不正之风和腐败问题，发现一起，移交查办一起。市纪委书记现场签批，"面对面"集中交办，巡察组组长和案件承办部门当场交接，12轮巡察，依据移交的问题线索，给予党纪政务处分250人，组织处理124人，移交司法机关4人。同时，深入开展以案促改，做好案件"后半篇文章"，对群众身边的腐败问题和不正之风形成强大震慑。

三是个性问题双向交办。针对个性问题实施双向交办：巡察组组长与镇（街道）党（工）委书记面对面现场签收移交，涉及相关职能部门的事项分别交办，做到责任分清、任务交清、限时结清。

四是共性问题分类整治。针对水、电、气、路、环境卫生等民生问题，召开全市"以巡促治"工作任务交办会，签订责任状，有力有效压实市直各部门、各单位、镇（街道）"以巡促治"工作主体责任，督促有关部门专题研办。

巡察组在河顺镇指导东山村提质扩面

三、构建"以巡促治"治理格局，深化实践路径

村（社区）巡察第三步是"治"。林州市提出"以巡促治"理念，出台《关于进一步深化巡察村（社区）工作开展以巡促治加快推进村（社区）治理体系和治理能力现代化的实施意见》，推动巡察工作重心由"巡察发现问题"到"巡察整改问题"再到"提高治理能力"的实践深化，开启了"巡、

改、治"三部曲的第三步——治。

一是明确"以巡促治"工作格局。 按照"上下合力、系统高效"原则，构建"市委统领、巡察推动、部门主管、镇村落实"联动体系，市委和镇（街道）分别成立"以巡促治"办公室，配备专人和专门的办公场所，形成"1＋20"的工作格局。

二是规范"以巡促治"工作流程。 将"以巡促治"工作纳入市委常规巡察范围，建立"协调、交办、汇报、督导、评估"5项机制，形成工作闭环，规范工作流程。

三是强化"以巡促治"典型引领。 秉持"因地制宜、分类施策、一村一案、整体提升"原则，高标准治理100个典型示范村，持续讲好巡察故事，推动乡村治理，及时总结"以巡促改、以巡促建、以巡促治"工作成效。

姚村镇下里街村关于巡察工作"效果怎么样　大家有话说"专栏

四、开创基层治理体系化，筑牢治理基础

林州市在全面总结巡察村（社区）成果的基础上，把巡察村（社区）工作融入基层治理体系，通过"以巡促治"工作全面助推乡村治理能力和治理

水平的大提升。

一是以组织治理为引领，筑牢发展根基。制定出台《关于进一步促进农村党支部高质量建设的二十条意见》，重点开展"堡垒加固、队伍优化、党务规范、党建融合、基础保障"五大提升行动，整顿软弱涣散党支部162个，实施村（社区）党支部"星级管理"，已成功创建"五星支部"29个、"四星支部"150个。

二是以廉政治理为保障，织密监督网络。梳理村级"小微权力"事项清单41项，明确村"两委"职责权限。通过建立红旗渠阳光村务平台、推行智能公章管理系统、构建农村"三资"管理体系，有效破解群众监督难的问题，实现对小微权力运行的全环节监督。

三是以民生治理为根本，推进乡村自治。林州市"以巡促治"工作坚持把推动法治、自治、德治"三治"融合为目标，高规格建设新时代文明实践中心站（所），构建起市、镇、村"1＋20＋588"的三级新时代文明实践工作体系，修订村规民约，推进移风易俗，推行民事民办，探索"一厅四会"机制，始终把群众答应、群众满意、群众高兴作为以巡促治的最高标准，让群众积极参与到乡村治理工作中来，拥有更直接的获得感、幸福感、安全感。

湖北省宜昌市枝江市
以共同缔造为抓手
全面构建乡村治理大格局

编者按：近年来，枝江市深入学习贯彻党的二十大精神和习近平总书记关于乡村治理的重要论述，坚持以"美好环境与幸福生活共同缔造"为抓手，积极探索体制机制改革创新，着力构建"纵向到底、横向到边、共建共治共享"的乡村治理体系，形成"五全"枝江模式，不断提高社会化、法治化、智能化、专业化水平，加快推进乡村治理体系和治理能力现代化。

枝江市地处长江中游北岸、江汉平原西缘，是长江三峡的东大门、宜昌唯一的平原县（市），因"蜀江至此如乔木分枝"而得名。辖区面积1 374平方千米，辖8个镇、1个街道，194个行政村、27个社区，总人口50万人，是"全国文明城市""国家卫生城市""国家园林城市"。拥有"千年古县""三峡水乡""全国百强"三张"金名片"。2022年，枝江市获评"全国市域社会治理现代化试点城市示范单位"。

一、凝心铸魂，促进理论全武装

一是建立常态化学习机制。枝江市委常委会认真落实"思想引领、学习在先"机制，带头全面学习领会习近平新时代中国特色社会主义思想的科学体系、核心要义、实践要求，用以武装头脑、指导实践、推动工作；各单位领导班子同步开展学习研讨，以思想伟力凝心铸魂；分批次组织市处级干部及各镇（街道）、市直单位主要负责人开展相关知识闭卷测试，以考促学。

二是建强宣讲培训机制。采取"专家教授理论授课＋市领导带头授课＋部门负责人专题授课＋基层党组织书记实践授课"的方式，常态化开展市、镇、村三级培训，2023年4月以来，全市共开展三级培训8期，受训人员8 000余人次。

三是健全调查研究机制。制定《深化共同缔造推进党建引领基层治理体制机制创新市级领导蹲点调研工作方案》，市级领导每个季度蹲点调研总时长不少于5天，通过与基层党员群众同吃、同住、同劳动，倾听一线呼声、摸清群众需求。

枝江市政协开展"一线协商·共同缔造"同心圆基层协商活动

二、固本培元，推动触角全延伸

一是优化主体功能分区。将全市国土空间划分为城市优化发展区、农产品主产区、重点生态功能区3类功能区，并将这3类功能区细化为重点城镇化地区、工业化促进地区、农业主产功能区、农旅融合特色区、重点生态保护区、特色生态经济区6个"亚区"，为全市人口流动、产业布局、设施配套、国土整治、生态保护等提供依据。

二是构建"三基三元"基层治理单元体系。聚焦党的领导有效落实、群众基本需求有效满足、矛盾纠纷有效化解、基层群众自治有效开展，构建以村（社区）为基本单元、村民小组（小区）为基础单元、湾落（楼栋）为基点单元的基层治理"单元丛"，形成多功能、多层级、多类型的基层治理体系，构建生活、利益、情感、责任、治理、精神6个"共同体"。枝江市马家店街道白鸭寺社区"创熟工作法"入选"全国首批100个优秀社区工作法"。

三是做实联户长机制。突出群众自我管理、自我服务、互帮互助等功能，推选5 059名联户长，推动其履行好政策法规宣传员、社情民意收集员、矛盾纠纷排解员、社会治安防范员、文明新风倡导员、共同缔造带动员"六员"职责，打通服务群众"最后一米"。

组织村民围绕"共同缔造怎么干"召开湾落会

枝江市综治中心化解群众矛盾纠纷

三、深化改革，实现资源全整合

一是深化镇（街道）管理体制改革。在镇（街道）设置"六办五中心"，6个镇（街道）的机关内设机构由24个增至36个，镇（街道）直属事业编制总数由31名增至285名，镇级管理社会和服务群众的能力明显提升。

二是深化镇（街道）财政体制改革。建安税由原来100%归市直所有调整为属地镇（街道）分两成；2022年下划镇（街道）管理纳税户4606个，下划地方税收收入5.5亿元，让镇级更有财力提升公共服务水平。

三是深化公共服务体制改革。按照"依法下放、宜放则放"原则，梳理下沉事项463项。完善"一厅N点"自助服务体系，1742项政务服务事项实现网上办理。加快教联体、医联体等建设，更好为群众提供精准化、精细化服务。

四是推动党员干部力量下派到底。常态化开展"双报到、双报告"活动，6600余名党员干部下沉社区，及时为广大群众纾困解难。选派245名驻村"第一书记"和工作队员担任共同缔造指导员，实现帮扶全覆盖。深入开展46批次"换岗体验"活动，500余名干部主动参与，进一步将服务做到群众心坎上。

四、纵横共治，强化组织全覆盖

一是健全完善"351"组织体系。 探索建立"三线运行、五级架构、区域一体"的"351"组织体系，在农村成立786个村民党小组，推选4 430个湾落党员中心户；在社区成立154个小区（片区）党支部，推选921名楼栋党小组长，明确1 299个党员中心户，将治理触角延伸至基层末端。

二是用好群团组织凝聚群众。 深化工会、共青团、妇联等群团组织的改革和建设。工会开展"共同缔造·幸福有约"单身职工交友联谊活动，妇联广泛开展"姐妹共同缔造·五彩幸福家园"活动，共青团打造"团建微联盟"，组建青年突击队288支，引导青年志愿者参与社会服务。

三是发展经济组织联结群众。 组建枝江市农民合作经济组织联合会（以下简称农合联），成立8个镇（街道）农合联和9个特色产业农合联，农户以土地流转租金、劳务用工薪金、吸纳入社股金等方式参与生产经营，构建托管式、订单式、股份式等利益联结体系，市农合联吸纳会员472家，辐射80%以上的新型农业经营主体和农户，创建产业帮扶示范基地52个，316家新型农业经营主体与5 578户脱贫户签订帮扶协议。

四是培育社会组织服务群众。 开展"培育发展社区社会组织"三年专项行动，全市社会组织达2 271家。畅通社会组织参与社会治理途径，发挥社会组织在源头治理、产业发展、公益服务等方面的积极作用，慈善协会、老区建设会等慈善组织对接贫困村，近3年募集资金3 950万元。

五是激活自治组织带动群众。 全市483个自治组织围绕老旧小区改造、新型农村集体经济、矛盾纠纷调处、城乡环境整治等问题，组织群众参与村（社区）公共事项协商、决策、实施和监督。

五、善治善为，推进功能全提升

一是提升政治功能。 坚持党对乡村治理的全面领导，充分发挥基层党组织的战斗堡垒作用，推动党中央决策部署和省委工作要求在基层落细落小、落实落地。

　　二是提升组织功能。枝江市共设立共同缔造指导员962名、项目建设辅导员38名、群众工作联络员3 584名，深入推进美好环境与幸福生活共同缔造工作。推行家庭积分制，开展"共话文明、共护平安、共建家园"活动，推广"共享空间""共享仓库"建设。

　　三是提升服务功能。通过"党代表接待日""共同缔造·人大代表在行动""一线协商·共同缔造"等载体，枝江市1984名"两代表一委员"联系服务3.96万户群众。开展"湾

社区"四点半学校"子女托管服务项目

董市镇双湖村"7点议事厅"现场

子会""屋场夜话""7点议事厅"等活动2万余场，协调解决群众诉求4 600余条，为群众办实事1 800余件。

　　四是提升经济功能。探索"党委领导＋政府主导＋龙头企业＋合作社＋基地＋村集体＋农户＋银行＋担保＋社会组织""十位一体"农业农村发展新模式，让农民深度参与产业链、价值链。2022年，枝江市农业龙头企业实现销售收入61.6亿元，辐射带动农户增收10.8亿元。

　　五是提升社会功能。坚持"平安法治共同缔造"目标，践行"干群板凳同坐、有事大家同商、坚持理法同讲"理念，实施"力量集成、信息集成、指挥集成、管控集成、服务集成"五大路径，对基层信访工作做到多渠道摸排、多方位研判、多举措处置，切实把矛盾化解在基层，群众满意率99.39%。

甘肃省武威市凉州区
全链条推动"多元化解"机制走深走实

编者按：近年来，凉州区大胆实践、勇于创新，坚持运用法治思维和法治方式破解多元解纷机制建设难题，通过抓品牌、抓源头、抓信息、抓重点、抓联动、抓实绩、抓长效等7项措施，健全完善衔接、调处、预警、排查、化解、考核、保障等7项机制，全链条推动多元解纷机制建设走深走实，最大限度减少了各类"民转刑""刑转命"案件和极端个人事件的发生，助力乡村治理现代化建设水平稳步提升。

武威市凉州区辖区面积4907平方千米，聚居着汉、藏、回、蒙古等42个民族，常住人口88.5万人。近年来，随着经济社会的发展，婚姻家庭、邻里、损害赔偿、征地拆迁、房产物业、金融借贷等方面的矛盾纠纷呈现多样化、复杂化特征，基层司法和调解组织工作难度增加、压力越来越大。为有效化解乡村治理难题，凉州区坚持和发扬新时代"枫桥经验"，通过"七抓"并举，健全"七项"机制，加强与相关职能部门的协作配合，全面落实诉调、访调、援调联动机制，积极构建以人民调解为基础，行政调解、司法调解相互衔接配合的多元解纷机制。2021年以来，凉州区共调处各类矛盾纠纷5074起，成功化解4975起。

一、抓品牌，健全矛盾纠纷多元衔接机制

"有矛盾去综治中心'老王说理室'找老王。"这是凉州区老百姓经常挂在嘴边的一句口头语。"老王说理室"自2022年4月设立以来，累计调处各

类疑难复杂纠纷164起,协议金额300多万元,探索出司法与信访部门加强矛盾纠纷衔接,运用人民调解方式化解信访积案的新路径。2021年以来,凉州区加快推进个人调解室建设,打造了一批"小而精""叫得响"的调解品牌。截至2023年12月,凉州区共建成"老王说理室""霞姐调解室""罗文明调解室""赵国红调解工作室"等特色品牌调解室28个。

二、抓源头,健全矛盾纠纷排查调处运行机制

凉州区加强各级党政组织的协调与配合,形成党政统抓、属地管理、部门负责、社会协同、公众参与、法治保障的主动创稳工作新格局。严格落实属地责任,按照"属地管理、分级负责""谁主管谁负责""谁调解谁落实"的工作原则,压实工作责任,形成以块为主、条块结合,全覆盖、无疏漏的矛盾纠纷排查调处运行机制。

凉州区东关街司法所工作人员调解民事矛盾纠纷

三、抓信息，健全矛盾纠纷排查预警机制

按照"预防在先、警示在前"的原则，凉州区立足抓早、抓小、抓苗头，进一步完善纠纷信息报送制度。实行"零报告"制度，有矛盾报矛盾、无矛盾报苗头、无苗头报平安，全天候24小时掌握社情民意。对重大矛盾纠纷随发随报，及时续报，杜绝迟报、漏报、瞒报。对发现的影响社会稳定的苗头性、倾向性、突发性问题，做到信息畅通、反应迅速、处置得当。完善集信息收集、输送、处理为一体的调解舆情研判化解机制，及时梳理研究矛盾纠纷的特点、规律、成因和预防措施，及时掌握矛盾纠纷的动态及发展趋势，不断提升人民调解工作的预见性和高效性。

四、抓重点，健全矛盾纠纷排查机制

凉州区紧盯重点区域、重点领域、重点群体，坚持条块排查、定期排查与集中排查、普遍排查、重点排查相结合，组织开展矛盾纠纷排查"会战"，进行滚动式、拉网式排查，逐一"过筛子"，确保排查全覆盖、无死角。对摸排出的矛盾纠纷，逐一落实责任人和化解措施，因案施策、因人施策、靶向调处，采取挂牌督办、领导包案、集中交办等措施，实现对各类矛盾隐患的动态掌握、有效预警、及时化解，切实将各类重点、难点问题依法妥善化解在当地、解决在基层。

五、抓联动，健全多元解纷机制

区、乡镇（街道）、村（社区）三级的综治中心落实"中心吹哨、部门报到"的多元信息互通共享机制、联动机制和研判机制。"老王说理室"与劳动和社会保障调解室、交通及安全生产调解室、城乡建设和自然资源调解室、农业农村及金融调解室，以及凉州区公共法律服务中心合署办公，全面构建以人民调解为基础，行政调解、司法调解、律师调解、专业性行业性调解等多元调解机制相互衔接、相互配合、相互支撑的一体"大调解"平台，

实现矛盾纠纷"一站式接待、一条龙调处、一揽子解决",方便群众就近表达诉求、化解纠纷,让群众"一处跑、跑一次"。

六、抓实绩,健全矛盾纠纷考核评价机制

凉州区建立调解工作考核评价机制和考核办法,制定律师参与化解及代理涉诉信访案件机制,实行区级人民调解员持证上岗,深入开展矛盾纠纷排查化解。严格落实"个案补贴"制度,按照"调解成功、协议履行、一案一补"和"谁调解、补助谁"的原则,每季度集中开展一次案卷评查,并根据评查情况对村(社区)调解员落实"个案补贴"。严格矛盾纠纷受理、调解、履行、回访工作程序,对已经调解成功的矛盾纠纷,及时跟踪回访;对调解不成功的矛盾纠纷,采取多种方式跟踪联系,通过耐心细致的调解和恰到好处的法治宣传等方式妥善处置,避免矛盾纠纷的反弹。

凉州区武南司法所调解健康权纠纷

七、抓长效，健全人民调解工作保障机制

凉州区注重加强组织网络建设，共建立各级人民调解委员会564个，其中区、乡镇（街道）、村（社区）级调解委员会527个，行业性专业性调解委员会37个，共有人民调解员3 816人，形成了"纵向到底、横向到边、遍布城乡、覆盖全域"的调解组织网络体系。配合市、区人民法院分别组建诉前调解中心，全面建成区、乡镇（街道）公共法律服务实体平台，实现矛盾纠纷受理、办理、指引、咨询"一站式"服务，打通了服务群众的"最后一公里"。推行一村（社区）一法律顾问制度，公开法律顾问的驻点时间和联系方式等信息，群众可通过电话预约等方式向法律顾问寻求帮助，从源头上预防矛盾纠纷的发生。组建区级调解员队伍，建立调解人才专家库。加强业务培训，每年选派优秀人民调解员参加省、市组织的业务培训；每月不定期对乡镇（街道）调解委员会主任进行2次以上集中培训。同时，按照分级培训原则，由乡镇（街道）调解委员会通过以会代训、以案释法、案例评析等形式，对村（社区）调解员进行集中培训，提升村（社区）调解员调处化解纠纷的能力水平。

河北省张家口市尚义县惠民苑社区

创建"服务型"治理模式
创新易地搬迁社区治理路径

编者按：为做好易地扶贫搬迁安置区管理工作，尽快使安置区群众适应新环境、融入新生活，尚义县惠民苑社区坚持因地制宜，以提高搬迁小区治理效能、满足搬迁群众需求为目标，聚焦"搬得出、稳得住、能融入、能致富"的发展主线，着力构建了共建共治共享的党建引领社区治理新格局，为安置区社区治理注入新活力。

尚义县惠民安置区惠民苑社区属于易地扶贫搬迁安置区，总占地168亩，建筑面积10.08万平方米，建设住宅1 326套，共安置1 326户3 485人，常住790户2 267人。为解决安置区"过渡型"社区人员组成复杂、居民身份关系重构等诸多治理难题，惠民苑社区积极转变管理理念，创新管理方式，优化管理机制，探索形成"全方位服务、多元化治理"的社区治理新模式，实现了社区治理"末梢"向"前哨"的有效转变。

一、易地扶贫搬迁＋党建引领，建强基层战斗堡垒

惠民苑社区坚持党建引领，充分发挥基层党组织的战斗堡垒作用，充分融合社区党组织、社区管理、社区网格化服务，在易地扶贫搬迁安置区社区治理中实现党建、管理、服务的"三统一""三到位"。

一是健全完善组织体系，提升组织管理"融合度"。纵向建立"社区党

总支—片区党支部—楼栋党小组"三级党组织；横向建立安置区社区党总支、搬迁村民自治组织、就业服务中心、物业企业、综合服务站、网格员队伍"六位一体"组织体系。健全完善"百姓物业"管理体系，推进"双向进入、交叉任职"管理机制，推行社区党总支书记挂职物业副经理，物业企业负责人挂职社区副书记，共同参与社区服务管理，协商解决困难问题，实现了基层组织建设水平和物业服务能力双提升。

二是实行双线并行，优化基层组织"配合度"。实行社区党组织和原村党组织"双线并行"管理模式，依托社区治理网格设置4个功能性党支部，"社区＋村委会"协同配合、职能互补，提供"一站式"服务及政策咨询，党支部成员充分发挥先锋模范作用，跑腿代办各项服务事项，既解决了群众办事两头跑的困境，又密切了干群关系，社区党组织成为联系群众、服务群众的桥梁和纽带。

组织开展"八一"主题活动

二、易地扶贫搬迁＋网格化服务，提升社区服务水平

惠民苑社区积极探索推广网格化服务，推动组织建设在网格、问题解决

在网格、群众满意在网格，使管理边界更清晰、责任更明确、管理更科学、服务更便捷。

一是精准划分网格。巧用"党总支—党支部—党小组"网格责任管理服务机制，以党总支为单位将社区划分为1个总网格，以党支部为单位按照楼栋新组建14个楼栋小网格，以楼宇为单位设立56个网格员，形成"社区大网格＋楼栋小网格＋楼宇网格员"三级网格管理体系，将"千条线"聚集到了网格这根"针"上，实现"小网格大融合"。

二是建强网格队伍。由社区党总支书记、党支部书记、党小组长、支部成员和网格员组成三级网格先锋工作队伍，分别承担各级社区管理与网格服务工作。

三是强化网格服务。充分发挥网格员"一格多员、一员多责、一员多能"作用，让网格员同时兼任信息员、调解员、宣传员、代办员和遍访员，全面开展"创建民情小档案、化解民困小纠纷、摸排民安小隐患、倡导民和小文化"的"四小"活动，不仅解决了群众实际困难，更充分发挥了党员干部的先锋模范和带头作用，使群众感受到了邻里和谐、互助互爱的良好氛围，进一步增强了社区凝聚力和组织战斗力。

围亭座谈

三、易地扶贫搬迁＋志愿服务，增强社区服务效能

惠民苑社区坚持"奉献、友爱、互助、进步"的宗旨，全面拓展服务领域，增强群众的幸福感、获得感。

一是组建志愿服务队伍。由社区工作人员、群众志愿者和社会各界人士组成7支志愿服务队，每年开展公益志愿服务活动百余次，为困难家庭、独居老人和留守儿童送温暖。依托日间照料中心，开办"老年大食堂"，为60～79岁中度、重度失能老人和80岁以上经济困难老人提供堂食、取餐及免费送餐服务。成立老年心理咨询室、残疾人协会、托儿所，上门为行动不便的老人及残疾人提供低保社保认证、理发、送药、保洁等服务，为留守儿童上学提供便利条件，并给予"小饭桌"学生经济帮助。

二是激发志愿服务热情。在社区建立"文明社区新风尚"爱心超市，多渠道筹措经费，对接爱心企业、爱心人士、积分兑换点，引导社会资本支持志愿服务发展。通过"志愿服务队＋积分制＋微心愿＋暖心驿站"构建微治理闭环服务体系，以积分制和认领"微心愿"的形式为社区群众提供各类援助和服务，带动社

爱心超市积分兑换

区居民参与志愿服务，将"要我参与"变成"我要参与"，激发了居民参与社区治理的新动能，达到了居民互助的良好效果。

四、易地扶贫搬迁＋合伙人机制，创新社区治理载体

惠民苑社区在总结"三联模式"（联结搬迁乡镇村、辖区商户、物业公司推行的"事项联商、活动联办、问题联解"）的基础上，创新拓展"党建

引领·伙伴计划",推行"党建引领·七联模式",探索建立集众智、汇众力、谋发展的"社区最佳合伙人"运行机制,全面提升了党建引领的基层治理效能。

一是加强工作联动。以党建共建为抓手,推行"党总支吹哨、部门报到"的协调联动工作方法,对居民反映的问题,社区、物业、职能部门集中议事、协商解决,让群众的事在第一时间被重视、被受理、被解决。2022年,惠民苑社区党总支"吹哨"冬季供暖安全,住建局、供暖公司、自来水公司、社区物业公司联动协商,对惠民苑社区易冻管道井、采光井、管网共计2 030处提前进行保温处理,得到了群众的广泛支持和认可。

就业手工作坊

二是推动合作共赢。结合安置区实际,整合党政机关、民主党派、企事业单位、商户、社会团体等资源,探索建立社区服务"商业化、股份化"的合作机制,通过志愿服务、捐赠物资、宣讲培训、提供岗位、暖心慰问等方式,将商业收益反哺社区搬迁群众,减少群众的刚性支出。

惠民苑社区与律师事务所开展党建联建活动

三是强化就业服务。常态化开展"企业＋社区"劳务对接活动，举办"惠民就业季送岗进社区"专场招聘会，协调企业为社区居民提供就业岗位235个，1 000多名劳动力到场求职，让搬迁群众实现"家门口"就业。

四是发展社区产业。与大金重工、谷之禅、华洋制衣等28家社区周边企业合作，引进布艺手艺、坐垫厂、背包工厂等3家小微代加工企业，实现年固定就业50余人次，季节性就业150余人次，实现搬迁群众稳定就业增收。

四川省眉山市青神县高台镇诸葛村

探索邻里互助居家养老新路径　村建"长者食堂"破解"老龄村"治理难题

编者按：为积极应对并解决人口老龄化背景下"谁来治理、怎么治理"的问题，诸葛村聚焦农村老人特别是特殊困难老人"做饭难、吃饭难"问题，依托闲置村级阵地，深挖专业乡厨资源、志愿队伍资源和社会慈善资源，打造独具特色的"长者食堂"，探索出"党建引领、政社合作、以老养老"的农村居家养老服务体系，构建起乡村善治新格局，为"老龄村"的治理提供了新思路。

青神县高台镇诸葛村位于岷江东岸，辖区面积3.7平方千米，辖5个村民小组，共2 788人。以水稻、药材、蔬菜等粮经复合产业为主导，土地流转率99％，全村年人均可支配收入3.2万元。近年来，诸葛村青壮年劳动力大量外流，全村常住人口约1 600人，其中60岁以上老人680人，占比42.5％，乡村老龄化严重，全村缺乏活力。为解决乡村人口老龄化背景下的治理难题，诸葛村聚焦农村老人特别是特殊困难老人"做饭难、吃饭难"问题，采用"公办民营"方式建设"长者食堂"，探索出"党建引领、政社合作、以老养老"的农村居家养老服务体系，构建了人口老龄化村的乡村治理新格局。

一、"长者食堂"多方受益，长效运营管理"省心"

为满足老人就餐需求，高台镇、诸葛村积极整合政府部门、乡贤等资源，筹资50万元建设了功能设施齐全、面积300平方米的"长者食堂"。通过"政府搭台建设＋本地乡厨负责运营"的方式，推动老年群体、食堂业主、集体组织三方受益。

低偿服务普惠老年群体。制定低偿助餐服务收费标准，本村老人午餐与晚餐均按照6元/餐/人收费，按照"一荤一素一汤"标准供应，获得老年群体一致好评。截至2023年12月，"长者食堂"日均接待老人60余人次，累计服务老人4万余人次。

"公建民营"壮大集体经济。创新"公建民营"模式，通过群众公推公选，将新建的"长者食堂"及附属设施整体承租给业主，政府无需向"长者食堂"补贴输血，村集体每年还可获得1.2万元的租金收入。

市场经营保障持续发展。"长者食堂"承包业主在为老人提供助餐服务的同时，市场化承接村民红白喜事宴席、农忙季节合作社盒饭定制、日常用餐等服务，年盈利20余万元，弥补低偿助餐运营成本，保证了"长者食堂"可持续经营。

二、志愿活动精准对接，便民为民服务"贴心"

依托居家养老服务项目资金，通过政府购买服务引入专业社会组织，培育和孵化本土养老服务组织。充分发挥党员志愿服务队、村老协成员的作用，成立了低龄老人服务高龄老人的志愿服务队伍。

开展送餐志愿服务。按照"志愿服务＋邻里互助"的思路，组建诸葛村老年志愿服务队，村"两委"出资购买电动送餐车，每日由志愿服务队员为行动不便的老人提供上门送餐服务。该村已培育发展志愿者13名，累计为1万余人次提供送餐服务。

开展巡访帮扶服务。制定志愿者巡访服务事项清单，划定老人巡访分片区域，重点为独居、行动不便、高龄、残障的老人提供助洁、助农、助餐、庭院收整、心理关怀等上门服务。如遇老人生病无人照料、突发紧急情况等，巡访志愿者会第一时间联系家属、报告村委会，及时果断处置。2022

为60岁以上老人送餐到户

年以来，及时发现并处置7起独居老人急病在家无人陪护事件。

　　开展政策宣传服务。在送餐车上加装喇叭，将惠民政策送到家家户户。重点围绕健康科普、移风易俗、预防打击养老诈骗等开展专项宣传活动，诸葛村未发生一起养老领域非法集资诈骗案件。

诸葛村召开坝坝会，宣传党的二十大精神

三、文化生活丰富多彩，文明实践活动"暖心"

　　"长者食堂"作为诸葛村综合服务阵地和新时代文明实践站点，通过开展系列活动不断丰富群众文化生活，培育文明乡风。

村规民约促新风。"长者食堂"日常承接村民红白喜事宴席，与村委会、红白理事会协商，制定办席标准，约定红白喜事餐标、天数和桌数等，树立起文明节俭新风尚，杜绝了攀比、铺张浪费。每月开展"农民夜校"活动，每季度评选"最美庭院""最美之星"，通过典型引领营造积极向上的好风气。

节日村宴聚人心。在建党节、国庆节等重要红色节日和端午节、重阳节等传统节日，由村"两委"主办，"长者食堂"承办，免费为村里老人举办节日坝坝宴，引导村民"听党话、感党恩、跟党走"，增强了群众的幸福感、获得感。

大学生志愿者和诸葛村群众一同开展粽香端午共话邻里情活动

百家活动旺人气。深挖农耕文化，成立东坡诗社高台分社，挖掘保护乡土文化和乡土故事，创作《诸葛村赋》等文艺作品，广受传唱。鼓励引导村民因趣缘、业缘等成立多种群众性自治"微组织"，组建广场舞队、文艺演出队，定期举办丰收节、山货节等节日的庆祝活动，不断丰富了群众精神文化生活。

诸葛村群众参加"月圆中秋"主题文化活动

四、阵地建设以人为本，治理平台搭建"舒心"

着力加强村党群服务阵地体系建设，搭建群众自治平台。

全面改造提升"主阵地"。 推动"长者食堂"和诸葛村村委会一体化建设，亲民化、便民化、适老化，改造提升诸葛村便民服务室，采用"金融＋政务＋物流"的模式，为老百姓提供查询、取现、转账等基础金融服务，以及寄收快递和缴纳水电气费、社保、医保等生活服务，实现了村级物流中转，打通了服务群众的"最后一公里"。

因地制宜打造"微阵地"。 依托农户闲置房屋、中心农户家、村民聚集区林盘等场地，就近就便打造"亲民、友好、开放、共享"的"微阵地"3个，集组务公开、人大代表联络点、议事协商、文体活动等多功能为一体，将服务触角延伸至村民小组最小单元。

创新推进网格"片长制"。 在"长者食堂"便民志愿服务队的基础上，探索推进"片长制"网格化治理，将全村划分为23个片区，设置"片长"代办驿站，每名"片长"就近联系服务30余户村民，负责群众诉求收集、便民服务代办、风险隐患排查、纠纷疏导化解，延伸党组织治理手臂，解决基层治理末梢问题，形成上面"千条线"下面"一张网"的治理架构。

诸葛村以"长者食堂"为着力点，探索出邻里互助的居家养老新路径，提升了乡村治理效能。通过上门助餐、服务代办、入户访视等志愿服务活动，不仅解决了老人吃饭难、自理难等生活和精神难题，实现了对独居、高龄、残障等弱势群体的关爱，更是营造了互助、友爱的邻里氛围，推动了乡风文明建设。以"长者食堂"的运管模式探索为出发点，村"两委"广泛组织村民代表开展村级公共事务的民主协商、民主管理、民主决策，通过集体活动的开展有效将村"两委"、村级组织、村民有机地联结起来，增强了村党组织的凝聚力，增强了村民的治理意识和治理能力。

附　　录

农业农村部办公厅关于推介第五批全国乡村治理典型案例的通知

农办社〔2024〕1号

乡村振兴，治理有效是基础。党中央、国务院高度重视乡村治理，对加强和改进乡村治理作出了一系列重大部署安排。各地以习近平新时代中国特色社会主义思想为指导，全面贯彻落实党的二十大和二十届二中全会精神，积极探索创新乡村治理方法、路径、机制、平台，涌现了一批好经验好做法。为进一步发挥典型引领作用，提升乡村治理效能，助力宜居宜业和美乡村建设，农业农村部开展了第五批全国乡村治理典型案例征集遴选，在各地推荐基础上，从4个方面优中选优，精心选取了32个典型案例。这批案例特色鲜明、成效显著。现印发各地，供学习借鉴。

一是加强农村基层党组织建设，健全治理机制。甘肃省陇南市、江苏省苏州市吴江区、江西省赣州市寻乌县、湖北省恩施土家族苗族自治州咸丰县、广东省茂名市信宜市、青海省果洛藏族自治州久治县、新疆维吾尔自治区阿勒泰地区福海县、江苏省淮安市涟水县岔庙镇洪滨村等8个案例，不断完善乡村治理的组织体系，强化党对乡村治理的全面领导，增强了农村基层党组织政治功能和组织功能。

二是聚焦网格化管理、精细化服务、信息化支撑，完善治理平台。重庆市、北京市平谷区、甘肃省甘南藏族自治州、河北省邢台市平乡县、湖南省娄底市娄星区、广西壮族自治区贵港市覃塘区、云南省临沧市临翔区、上海市金山区金山卫镇等8个案例，大力推进"党建+网格化+数字化"，科学划分综合网格，实现"一网通管，多网合一"。

三是创新务实管用乡村治理方式，提升治理效能。江苏省无锡市江阴市、浙江省绍兴市诸暨市、山东省聊城市东昌府区、湖北省黄石市大冶市、广东省湛江市坡头区、安徽省淮北市濉溪县临涣镇、山东省济宁市兖州区漕河镇、湖南省郴州市宜章县梅田镇龙村瑶族村等8个案例，持续丰富完善党组织领导的自治、法治、德治相结合的有效实现形式，突出农民主体地位，创新运用务实管用乡村治理方式，拓宽了农民群众参与乡村治理的渠道。

四是着力解决乡村治理突出问题，促进治理有效。黑龙江省齐齐哈尔市甘南县、浙江省嘉兴市桐乡市、江西省上饶市婺源县、河南省安阳市林州市、湖北省宜昌市枝江市、甘肃省武威市凉州区、河北省张家口市尚义县惠民苑社区、四川省眉山市青神县高台镇诸葛村等8个案例，聚焦农村矛盾纠纷、婚丧宴请大操大办、易地扶贫搬迁集中安置、农村养老等乡村治理重点难点问题，有针对性地探索解决方案，有力有效推动乡村振兴。

各级农业农村部门要进一步提高政治站位，增强使命感责任感，深入学习应用"千万工程"经验，以乡村善治的良好成效促进乡村全面振兴。要强化党对乡村治理的全面领导，把党的领导落实到乡村治理各领域各方面各环节，为乡村治理提供坚强有力的政治保障。要切实发挥农民在乡村治理中的主体作用，充分尊重农民、依靠农民、组织农民，做到民事民议、民事民办、民事民管，把保障和改善农村民生作为乡村治理的出发点和落脚点。要综合运用传统治理资源和现代治理手段，鼓励引导社会和公众参与乡村治理，形成党委领导、政府治理、社会调节、村民自治良性互动。要结合实际探索创新，加强分类指导，持续推动治理重心下沉，释放基层治理活力。要紧扣农民群众关心关切，梳理本地乡村治理存在的不足，认真学习借鉴全国乡村治理典型案例做法，制定针对性解决方案，在解决具体问题中不断增强农民群众获得感、幸福感、安全感。

附件：第五批全国乡村治理典型案例名单

农业农村部办公厅

2024年1月3日

附件

第五批全国乡村治理典型案例名单

一、加强农村基层党组织建设，健全治理机制

1.民事直说"1234"工作法（甘肃省陇南市）

2."四个融入"为现代江村"夯基垒台"（江苏省苏州市吴江区）

3."联村共治、法润乡风"走出乡村治理"寻乌经验"（江西省赣州市寻乌县）

4.党建引领"六联"并进 打造乡村治理山区样板（湖北省恩施土家族苗族自治州咸丰县）

5."小法庭"融入"大治理"（广东省茂名市信宜市）

6.党建引领"十户长" 激发治理新动能（青海省果洛藏族自治州久治县）

7."乌伦古经验"开创边疆区域依法治理新局面（新疆维吾尔自治区阿勒泰地区福海县）

8."红色代办"打造群众满意"最好一公里"（江苏省淮安市涟水县岔庙镇洪滨村）

二、聚焦网格化管理、精细化服务、信息化支撑，完善治理平台

1.推行党建统领乡村"院落微治理" 打通治理"最后一百米"（重庆市）

2.依托"微网格"探索精细化治理新模式（北京市平谷区）

3.硬件软件两手抓 探索民族地区乡村治理新路径（甘肃省甘南藏族自治州）

4."平安e格"数字赋能乡村治理（河北省邢台市平乡县）

5.以"屋场"为单元激发基层治理效能（湖南省娄底市娄星区）

6.以"党建＋网格化＋数字化"提升乡村治理效能（广西壮族自治区贵港市覃塘区）

7."六微"同创文明生活新风尚（云南省临沧市临翔区）

8.全要素赋能"微格治理"（上海市金山区金山卫镇）

三、创新务实管用乡村治理方式，提升治理效能

1."积"起治理千重浪　"分"享乡村和与美（江苏省无锡市江阴市）

2.创新"三事分议"议事协商机制　打造"枫桥式"基层治理新模式（浙江省绍兴市诸暨市）

3.以"三信一体"构建"三共贯通"乡村治理新格局（山东省聊城市东昌府区）

4.以"智"促"治"　以数字化提升乡村治理效能（湖北省黄石市大冶市）

5.挖掘"铺仔"潜力　提升治理效能（广东省湛江市坡头区）

6."一杯茶"七步调解工作法（安徽省淮北市濉溪县临涣镇）

7.有事"漕"我说　事事"河"为贵（山东省济宁市兖州区漕河镇）

8.能量家园　激活基层治理"她力量"（湖南省郴州市宜章县梅田镇龙村瑶族村）

四、着力解决乡村治理突出问题，促进治理有效

1.联调联动解难题　多元化解促平安（黑龙江省齐齐哈尔市甘南县）

2.婚丧宴请"瘦身菜单"　减出乡村善治新风尚（浙江省嘉兴市桐乡市）

3."微家训"润心田促乡风文明（江西省上饶市婺源县）

4.借"以巡促治"东风　谱乡村治理新篇（河南省安阳市林州市）

5.以共同缔造为抓手　全面构建乡村治理大格局（湖北省宜昌市枝江市）

6.全链条推动"多元化解"机制走深走实（甘肃省武威市凉州区）

7.创建"服务型"治理模式　创新易地搬迁社区治理路径（河北省张家口市尚义县惠民苑社区）

8.探索邻里互助居家养老新路径　村建"长者食堂"破解"老龄村"治理难题（四川省眉山市青神县高台镇诸葛村）

图书在版编目（CIP）数据

全国乡村治理典型案例. 五 / 农业农村部农村合作
经济指导司，国家乡村振兴局政策法规司编. —北京：
中国农业出版社，2024.2
ISBN 978-7-109-31768-0

Ⅰ.①全… Ⅱ.①农… ②国… Ⅲ.①农村－群众自
治－案例－中国 Ⅳ.①D638

中国国家版本馆CIP数据核字（2024）第051373号

全国乡村治理典型案例（五）
QUANGUO XIANGCUN ZHILI DIANXING ANLI（WU）

中国农业出版社出版
地址：北京市朝阳区麦子店街18号楼
邮编：100125
责任编辑：刁乾超 文字编辑：赵冬博
责任校对：吴丽婷 责任印制：王 宏
印刷：北京通州皇家印刷厂
版次：2024年2月第1版
印次：2024年2月北京第1次印刷
发行：新华书店北京发行所
开本：787mm×1092mm 1/16
印张：12.25
字数：200千字
定价：60.00元